復興支援ボランティア、もう終わりですか？

大震災の中で見た被災地の矛盾と再起

中原健一郎

社会批評社

はじめに

まず最初に、この本は「ボランティア日記」ではない。自分の活動を通しての話なのでそうなってしまう部分があるのは否めないが、努めてそうならないように書いている。なぜなら伝えたい事は自分の活動ではなく、「被災地の事」「災害ボランティア活動の事」だからである。自分の活動を綴っている箇所も、それを通して被災地の事を伝えたいからに他ならない。

震災後、ある時は個人で、ある時は友人と、またある時はＮＰＯの一員として、宮城県を中心とする被災地で復興支援ボランティア活動を行った。行く先々で被災者から、「被災地を見た人はそれを他の人や後世に伝え残すのが使命、よろしく頼むよ」と言われ続けた。その約束を果たすために筆をとったのが本書である。

あの日からついに1年が過ぎた。今、被災者が一番恐れている事、それは「風化」である。何度も被災地へ足を運んだ私でも、少し経つと今被災地がどうなっているのか、想像がつかなくなる。被災地へ行く事も叶わない遠隔地の方々であれば、尚の事であろう。「もう、復興して元気になってるんじゃない？」、そう思っている人も少なくないはずだ。それが、まさに「風化」なのである。

これからも日本全体で、被災地の復興を支援していかなくてはならない。私の住む神奈川県も、岩手県の瓦礫の受け入れを表明した。私の自宅から約1キロ半、自転車で10分ほどの所に相模原市の最新鋭ゴミ処理施設がある。神奈川で有数の施設であるはずのここにも、当然もうすぐ被災地の瓦礫が運ばれてくるだろう。1年前、海外メディアから賞賛された日本人の〝絆〟の真価が問われているのである。にもかかわらず、福島から遠く離れた岩手（福島から神奈川と概ね同じ距離）の瓦礫に対して、「放射能を持ち込むな！」と感情的な反対運動が一部の人とはいえ沸き起こったのは、私には驚きというより空寒い気がした。〝絆〟は、ただの流行語だったのだろうか？

そんな人ばかりではないはずだ。この本の中には、自らの生活の少なからぬ部分を犠牲にして、被災地へ馳せ参じた絆の体現者たちがたくさん登場する。彼らのストーリーが、少しでも被災地の方々の希望になれば望外である。そして10年後、誰かが古本屋のワゴンの中からこの本を見つけ、「あ、そういえばあの時は確かにこんなだったな」と、犠牲者や防災への思いを新たにしてくれる事を、心の中では一番望んでいる。

「風化させない」、被災地を見た人間にできる何よりの事だと思う。この本がその一助になる事を信じている。

この企画を快く書籍にしてくださった社会批評社の小西社長、インタビューに協力してくれた支援仲間のみなさん、そして、被災地での活動を支えてくれた多くの被災者、ボランティアの方々に改めて御礼を申し上げたい。

復興へ祈りを！

２０１２年３月　　中原健一郎

目　次

第2章　復旧支援から生活支援へ　57

第3章　それぞれの想いでボランティアへ　159

第4章　初冬の被災地を行く　187

エピローグ　そして迎えたあの日　215

表紙カバーの写真は岩手県大船渡市三陸町
表紙・表紙カバー・帯　装幀　堀口誠人

第1章　凄まじい被災地の惨状

石巻市内の商店街に乗り上げた漁船（2011 年 4 月）

日本観測史上最大の地震発生

あの日、あの時、すべてが終わり、すべてが変わり、そしてすべてが始まった。

あまり格好良くはないが、入居したばかりの神奈川県の自宅で昼寝の最中だったことを打ち明ける。中国への留学から帰国し、転職にむけての準備中だった私は、平日の真昼間にもかかわらず完全オフだった。始めは強い衝撃ではなかったと思う。揺れがしばらく続いたあと、またいつもみたいに止むだろうと布団に包まりながら固唾を呑んでいた。だが、この時は違った。止むどころか、その振動は時と共に大きくなっていった。

飛び起きて真っ先に向かったのは本棚。まだ耐震用の補強など何もしていなかったからだ。震度5。あらゆるものが大きく揺れた。本棚の倒壊だけは辛うじて防いだものの、あとは成すにまかせるしかなかった。簡易式の食器棚が崩れ落ち、長年愛用の茶碗とどんぶりがガチャンと落ちて粉々になった。

会社員時代の友人・入江は東京駅の横にあるビルの34階で働いている。最初は縦に揺れたのが、次第にゆっくりと横に揺れ始めて、その横揺れは何倍にも大きくなっていったと語った。ビル全体が歪んで、ゆりかごのようにスイングしているかのようだった。机の物が倒れ出し、レールの上を動くスライド式の書架が意思を持ったかのように動き出し、中の書類は外へ放り出された。ビルの高層階では揺れはすぐには収まらない。地震が終わったあとも揺れは10分近く続いたという。旧東京中央郵便局の敷地に建設中のビルのクレーンが、今にも折れ曲がって崩れ落ちそうだった。

テレビを点けると早々にレギュラー番組は打ち切られ、どのチャンネルも特別報道番組となって地震の詳細を伝えている。だが最初は正直なところ、また今回も大したことはなさそうだと思った。テレビ画面から消えない日本地図の東半分には、大津波警報を示す赤が絶えることなく点滅していたが、警報だけでまだ東北のどこにも津波は来ていなかった。

２時間近く経った頃だったろうか、波に呑まれたどこかの港の映像が映り始めていた。それを見ても、まだそれほどの大惨事は想像できなかった。時間を追うごとに具体的な被害状況が報道され始めてはいたが、「仙台市の浜で２００名近くの遺体を警察官が発見という情報もあります」という情報などには、まだ疑念を持つ気持ちの方が圧倒的に大きかった。おそらく、多くの人も同様だったのではないだろうか。

その時、同じく会社の友人・吉丸は、出張で尾瀬近くの山深い町中にいた。近くのホテルの支配人と、会食しながら打ち合わせの最中であった。ドーンという音と共に大きな揺れが襲った。「噴火だ！」、二人はそう叫んでどんぶりを持ったまま店の外へ逃げた。高層ビルと違って揺れは長くは続かない。ほとぼりが冷めてから、二人は何事もなかったようにそれぞれの仕事へと戻っていった。その後、しばらく吉丸が異変に気付く事はなかった。

最初に吉丸が変事に気付き始めたのは、夕暮れに差し掛かった頃だ。掛かってくるはずの電話が全く掛かってきていなかったのだ。どうしたのだろうと逆に掛けてみたが、繋がらない。胸騒ぎを覚えながらも帰途に就こうとすると、関越道沼田インターが通行止めになっている。「これはおかしい」と確信した。その時、会社にいた部下の与一から1本の電話が掛かってきた。携帯がほとんど通じず、固定電話からの発信でやっと繋がったのだった。与一の話で、吉丸は事の大きさを知った。その日は帰れるあてもなく、宿探しを始める事にした。

見つけた宿は猿ヶ京温泉。同じ群馬県だが、沼田からは北西に車を走らせ、長野との県境近くにある。さらにその延長線上には、長野県栄村がある。栄村からは約40キロしか離れていない。一日のうちに、2回も大地震に遭う事になるとは、吉丸はこの時まだ知る由もなかった。

その頃、入江は眼下の東京駅に目をやっていた。いつもなら絶え間なく往来しているはずの列車は全く動いていない。八重洲口には駅から締め出されて溢れ出した人々が何千人と蠢《うごめ》いていた。普段は客待ちで長蛇の列を作っているタクシーは、すでに1台も見当たらなかった。入江は、帰るのをあきらめた。

「死ぬかと思った（汗）」。この日、入江が私に送ったメールにはそう記されている。

同じ頃、大学の友人・高田は職場のある渋谷で帰るチャンスを伺っていた。駅前のバスターミナルはすでに大量の人でごった返し、バスは動いていたもののそう簡単に乗れるような状況ではなかった。第一、国道246号線は大渋滞でほとんど車は動いていない。近隣の大学で帰宅困難者のために講堂を開放するという情報もあったが、そこで夜を明かすのは何とかして避けたかった。電車が動き出すのを待っていても埒があかなそうだ。高田は、自宅のある川崎市宮前平までの約15キロを、歩いて帰る決心をした。

そう決心したのは高田だけではなかった。東急田園都市線と並んで走る大動脈の246号線は、すでに車だけでなく徒歩帰宅者で溢れかえっていた。まるで東京の有名花火大会へ向かう列のように、まさに歩くのもままならない。それでも車よりは早かった。タクシーを捕まえられた人は、必ずしもラッキーではなかっただろう。

40分ほど歩くと三軒茶屋の交差点に着く。高田はここで、驚くべき光景を見た。道沿いの靴屋で、殺気立ったお客が群がって大混乱となっていたのだ。お客は全員女性だ。ハイヒールをあきらめ、運動靴を買い求めていたのだった。

道中はすでに警察が出て交通整理を始めており、後々美談として伝わることになる、「トイレ無料どうぞ」というお店や個人宅もいくつか目にした。さらに進むと、多摩川を渡る246号線は車専用道路のため、川を渡るには一つ下流の橋まで行かなければならなかった。この橋を渡ると、246号線へは裏道を通らないと戻れない。この幾重にも枝分かれした裏道まで、人の渋滞が起こっていた。私と電話で話をしたのはこの頃だと思う。高田の声は完全に憔悴していた。

渋滞のあとは、停電だった。自宅が近くなる頃には、駅や信号も含めて全ての灯りが消え、完全な闇と化していた。都市部において真っ暗闇というのは想像がつきにくい。男でも怖かったというのだから、極限的な恐怖を覚えた女性もいたに違いない。

エレベーターの停まったマンションの階段を登って高田が部屋に着いた時には、日が変わっていた。計4時間の逃避行だった。

その夜、私は猿ヶ京温泉の吉丸と電話で話をした。

「もしかしたら千人くらい亡くなっちゃうかもしれないな」。そう話したのをはっきりと記憶している。まだ、そんな認識だったのだ。しかし、吉丸の苦難はこれで終わりではなかった。

午前3時59分、長野県北部、栄村付近を震源とするマグニチュード6・7の大地震が発生、栄村を中心に最大震度6強を観測した。別名、栄村大地震だ。携帯の緊急地震速報に驚かされながらも、なんとか眠りに就きかけていた吉丸は、このあとさらに頻度を増した地震速報に、再び眠りに就けることはなかった。

翌日はもちろん、上越新幹線は動いていなかった。高崎で返すはずのレンタカーを延長し、這々《ほうほう》の体で東京へ戻ってきたのである。

この日一日で、我々の快適で便利な生活がいかにもろいシステムの上に成り立っているかを思い知った。自分にできる事は何だろうか。かつて四川省大地震で日本の緊急援助隊が救護活動に奮闘し、中国国民から喝采を受けていたのを会社のネットで見て、歯ぎしりしたのを思い出した。あの時の、熱い感情が甦ってきた。その日の夜には災害救助ボランティアに行こうと決めた。

どうやって東北へ?

東北へボランティアに行こうとは決めたものの、正直「行ける」とは思っていなかった。どうせまた企画倒れに決まってるさ! と、失敗した時の挫折感を和らげる心の準備も怠っていなかった。確かに、東北へ行くことは当時それくらい至難に思われた。

日が経つに連れて明らかになる甚大な被害状況を見れば、そこはまさに別世界、被災者以外で行っているのは自衛隊と一部の報道の人間など(要はヘリコプターなどを持っているところ)だけだ。そこへ行こうという事が、いかに危険で無謀なことかは理性が十分に教えてくれた。それでも、昼間は一日中パソコンにかじりついて、情報収集に努めた。やはり最初にイメージしたのは避難所での活動である。どこかの避難所で人を求めてないか、住み込みで働き手を募集しているような所はないか、闇雲に検索を繰り返した。しかし、調べれば調べるほど、被災地入りは困難極まりないことが明白になるばかりだった。

何日かすると、NPOなどの支援団体の他に、どうやら社会福祉協議会という所がボランティアセンターのようなものを立ち上げて、そこを中心に復興支援活動が行われそうだということが分かってきた。それでも、ハードルは限りなく高かった。

「被災地はまだボランティアの人が入れるような状況にはありません。その情熱の代わりに、お金を寄付してください」「現在は市内在住の方のみの募集です」

ホームページの募集要項は、どこの自治体も同じような内容だった。その上、交通手段がない。新幹線はもちろん、在来線も完全にストップして電車による東北入りは全く不可能。東北自動車道は損壊した上に緊急車両専用となっているが、一般道で行くにしても至る所で車両規制の可能性があり、困難が予想される。その上すでにほとんどのガソリンスタンドが閉店、営業している所には数キロにも及ぶ車列ができていた。道中運良く開いているスタンドを見つけて何時間か並べたとしても、給油制限でとても往復分の燃料は手に入らないだろう。

それではと、中古の「スーパーカブ」の購入も検討した。これなら新聞配達やラーメンの出前のようにスイスイと、ガソリン1リットルで100キロ近く走れる。現地でも小回りが利いて役に立つに違いない。しかし、必要になる大量の荷物を運べるだろうか。それに、原付では東北まで一日では着かないだろう。途中野宿する破目にでもなったらそれこそ体が持たない。

一番現実的と思えたのが、新幹線の代わりに全日空が運行を始めた羽田—福島便である。これで福島まで行けば、福島からは仙台行きのバスが少々出ているようで、それに乗れば何とか仙台まで辿り着く目途がたった。「最悪はこれだな」と思いつつも、なぜかこの福島便、割引運賃は一切ない。それでもないよりはマシと評価するべきなのだろうか、それとも競争相手のいない企業というのはかくの如しという事なのであろうか。しかし、片道運賃だけで沖縄へ行って帰ってこれそうである。もちろん、仙台空港は完全に瓦礫の渦と化していた。

東京から仙台へ並みの手段では辿り着けないという事が、戦時中も含めて果たしてあっただろうか。

そんな状況が何日続いただろうか。テレビでは朝から晩まで公共ＣＭ放送の繰り返しがピークに達していた頃だと思う。恋愛中の思い出の音楽を聴いてその切ない感情が甦ってくるように、「子宮頸がん検診」や「ポポポポーン」のシーンを思い出すと、あの日の鬱《うつ》とした不安が甦ってくる。

だが3月も終盤に近づくと、まだボランティアセンターすら立ち上がっていない所も多い中で、仙台周辺の中でも比較的被害の少なかった所から受け入れ態勢が整って、県外からのボランティアを募集する自治体が出始めたのだ。被災地入りに一筋の光明が射した。

3月24日の仙台市ホームページによると、仙台から塩釜や石巻へ臨時バスが一日三便、気仙沼へ一日一便、他周辺の町へも運行を開始しているようだ。東京と仙台を結ぶ直通バスも一部運行を開始していた。いずれも、「運行用の燃料が逼迫し、限られた乗務員数で運行する関係から、各便とも一台のみで運行、満員の場合は乗車できません」とある。速度規制、迂回、渋滞などにより大幅な遅延が見込まれるとの事。しかし、あの時は「行ける」というだけで良かったし、すごいことだった。被災地入りが、なんだか急に現実味を帯びてきた。

動き始めたＮＰＯ

仙台へ行く目途がたったとは言え、ボランティア活動の主役たるＮＰＯなど慈善団体への参加という手段を忘れたわけではない。なにしろボランティアなどしたことのない人間が「災害ボランティア」という危険な業務に携わるわけだから、何かと不安は尽きない。こういう団体に参加して組織の一人としていくことができれば仲間がいる分はるかに心強い。

当時の自分にとっては、その事が心強いというよりも、死活問題のような気すらした。電気も水道も食料もなく、電話連絡さえとれない所へ行くという事は、ある意味紛争中のアフリカの国へ行くのと同じくらい怖い。やはり、適当なボランティア団体を見つけてそれに参加させてもらうのが最善の策である。それに、これはあとから身をもって知った事だが、個人で行くよりも組織の一員として行く方が、現地ではるかに貢献度の高い仕事ができる。

インターネットのリンクからリンクへ、様々な団体を渡り歩いては、ボランティア登録を済ませていった。住所と連絡先と名前、それから技能などを登録しておけば、いざという時にお声が掛かるかもしれないからだ。だが3月下旬の時点で、実際に被災地に人員を派遣できる団体はほとんどなかった。多くの団体が、救援物資の募集と義援金の寄付の受付のみであった。だが少なからぬNPOが先遣隊として職員を被災地に派遣し、来るべき時に向けて着々と準備を進めているのも伺えた。

「いつか、自分も参加できるな」

この頃には自分の中で、復興支援ボランティアへの参加が、確実な未来へと変化していた。

だがそのいつかは予想より早く来た。とあるNPOが石巻市での先遣隊の調査、準備を終え、一般ボランティアの派遣を開始したのだ！　費用、活動内容、募集条件ともに申し分ない。説明会はあっという間に満員になったようだった。やむなく、第2回目の説明会に参加することになった。震災発生から約2週間、ついに復興支援ボランティア活動の幕開けとなったのだ。

説明会は2回にわたって行われた。一日目は現地の状況説明と実際の人員選抜、二日目は確定したメンバーによる班編成や、現地での心構えや注意点などなど。運というか、縁というか、何の意図もなくクジ引き同然に決められた私の班員はパプア（男）、ナオ（女）、キャサリン（女）、カメ（女）の四人。どうやらボランティアというのはあだ名で呼び合う習慣があるらしい。事実その通りで、それ以降はずっと、どこへ行ってもボランティアは自らのニックネームをガムテープにマジックで書いて、胸や腕などに貼っておくのが常識となっていた。支援をする側も受ける側も全く知らない者同士、気軽に呼び合えるための配慮であろう。お互いの呼び名を決めておく事もこの日の仕事の一つであった。

この男女五人がこれからしばらく運命共同体として寝食、苦楽、そして屋根を共にすることになる。事によれば、生涯の付き合いになるかもしれない。そう思ったのを記憶している。

装備は？　食料は？　宿泊は？

これから運命を共にする五人が、ファミリーレストランの一席に集まった。他でもない、10

日間近くのサバイバル生活を生き抜くための会議、そして持ち物の分担を決めるためである。

分かっていることは、現地には何もない、何も手に入らないということ。拠点は大学キャンパス内の運動場という事だけだ。宿泊はこの運動場にテントを設営する。NPOのメンバーとして行くとはいえ、物資や装備の支給は原則一切ない。全て各班の中で自前で揃えなければならない。幸いうちの班は私が半年ほど前に買った五人用のテントを持っていて助かったが、テントから買う破目になった班もある。

装備も難しいが、持っていける荷物も無限ではない。それに、現地でどういう仕事が待っているか、正直分からないから何を用意したらいいのか良く分からない。スコップやほうき、一輪車などの道具はさすがに現地に用意があるらしいので、必需品と思われるものを取り揃えていくくらいしかできなそうだ。入浴はもちろんできないので石鹸やシャンプーはいらないが、体を拭く吸汗シートのような物が入用になるだろう。

問題は食料である。10日分ほどの食料をどう用意して、持って行くか。まず必要なのが水だ。これは各自ペットボトルを5～6本（10リットル程度）用意することになった。一人一日一リットルは必要だろうという計算である。それから最初の三日～四日はパンとおにぎりを中心にして凌ぐという作戦になった。一日や二日なら賞味期限が切れても大して問題ではないという事だ。問題はその後。日持ちのする食料を選ばなくてはならない。

どうしても必要になってくるのがカセットコンロと鍋。これがあればお湯が沸かせるし、お湯が沸かせれば味噌汁も飲めるし、即席ご飯もレトルトカレーも温められる。あとは缶詰がいろいろあれば食事らしくなるだろう。もちろん、多種多様のカップラーメンも必需品だ。これだけ揃えば、栄養状態はイマイチでも、なんとか空腹は凌げるような気がしてきた。そうなると食に楽しみを見出したくなるのが人間である。何かスペシャルイベント的にいいものはないかと思案して、思い付いたのがおしるこ！　あんこも餅も、お湯で温めて戻せるタイプがある。まだ残寒厳しい宮城で作業後に食べるおしるこは格別の味に違いない。

一見何でもないような食品ばかりであるが、あの時これを買い集めるのはかなり大変だったことを付記しておきたい。すでに東京や神奈川でも人々はパニック状態、保存食の買いだめ、買占めに走っていた。コンビニを数軒回ってやっとカップ麺一つが手に入るような状態だ。下手すれば災害そのものよりも、人間の利己心が引き起こす二次災害の方がどれだけ恐ろしい事か、痛切に感じた。庶民の傍若無人な振る舞いをよそに、1円たりとも便乗値上げをしなかった各食品メーカー、販売店の賢明な行動には頭が下がる思いである。アメリカなどではハリケーンが通り過ぎたあとは、修繕業者がここぞとばかりに何倍、時には何十倍もの請求をして憚らないそうであるから。

出発日に、全員アルコール消毒液の携帯を指示された。現地でノロウイルスによる汚染が出始めていたのだ。あとは個人的に買ったつま先保護の鉄板入り作業靴を履いて準備万端。意気揚々と家を出たものの、結果は、なんとあまりの荷物の重さに200メートルと進めなかった！

背中と前にリュックを二つ背負い、片手にキャリーケース、片手に1メートル四方の巨大なズダ袋を持ち抱えて、さらに寝袋二つ（寒いので重ねて使う）とテントを持っていた。重いのは分かっていた。しかし、何とかなると思っていたのが甘かった。特に、水が致命的に重い。その場にしばらく立ち尽くし、人通りも少ない道端で空車のタクシーが通りかかるのを待つより手がなかった。

これだけ苦労した荷物ではあるが、結果的には過不足なかったのだろうか？　答えはノーだ。初めてなので仕方がない事ではあったのだが。

まず装備が全く甘かった。長靴が望ましいとは言われていたが、現実には長靴でないと作業は不可能と言っていい。さらに、長靴の底に踏み抜き防止用の鉄板インソールを入れなければ著しく安全性を欠いていると言える。被災地の、特に屋内ではガラス片などの危険物が至る所に散らばっており、踏み抜いて大怪我をする者があとを絶たない。その上刺し傷の場合、破傷風の危険性が十分に考えられる。よって私は現場でそのような危険性が高い所では、普通に歩かなかった。摺り足で、スケート選手のように歩くのである。これなら、危険物を踏み抜く危険性はかなり低減できる。

さらに、雨具として持っていった100円ショップの簡易雨カッパなどほとんど役に立たなかった。雨が降ったのではない。ヘドロの撤去作業で全身泥んこ祭りのようになるからである。雨具としてではなく、ヘドロ対策として「しっかりした」カッパが必須であった。マスクも普通の安物では決して十分ではない。舞い上がるありとあらゆる粉塵から肺をしっかりと守るには、逆三角形型の防塵マスクが必携であろう。もちろん、そのような現場ばかりではないのだが、ボランティアは基本的に現場を選べないのだから。

逆に現地では使わなかった物が一つある。現金である。やっぱり、いざという時のためにと2万円ほど懐に入れて持っていったのだが、全く必要なかった。時間の止まってしまった石巻では、お金を使える所などなかったからである。

最後に、準備万端だったつもりがやっぱり一つ忘れ物をしていた。替えの靴下である（笑）。しかしこれは、かなり悲劇的な結果を招くことになった。被災地ではもちろん靴下など売っていないし、まさか援助物資をもらうわけにもいかない。家から送ってもらうにも郵便や宅配などが来られるわけがない。1足3千円でもよかったが、もはや靴下を手に入れる手段は皆無だった。覚悟を決めて履き通すしかなかった。入浴もなく、重労働で疲れた足の靴下を何日も替えられないのはかつて味わった事がないほどに不快極まりない。

仲間には言わない方が親切だと思った。今この場を借りて深くお詫び申し上げたい。

震災20日後の石巻で見たもの

我々ボランティアを乗せたバスは仙台南インターで東北道に別れを告げ、仙台南部道路に入り一路石巻を目指した。仙台若林ジャンクションに差し掛かる頃には、初めて見る被災地の惨状に戦慄が走る。もちろん、インターネットなどでは見ていたものの、自分の目で見る光景は全く衝撃が違う。潰れてひっくり返った車、流れてきた土砂、倒壊した家……。

石巻市内中心部の状況はさらに酷いものだった。災害支援の横断幕を付けた車で現場に向かう。すでに辛うじて道路は通行可能となっていたものの、道路脇にはありとあらゆる漂着物、堆積物、ヘドロ、車、家電、木材、家のかけら、等々……。家屋に突っ込んだ車、ヘドロの池に漂う民家、流されて電線と絡まった船舶、「おもちゃ箱をひっくり返したような」という表現があるが、それが大げさではなくそのまま当てはまるような状態といえばいいのだろうか。さらにどこからともなく立ち込める腐臭や埃の臭いが鼻をつく。街中に人は少なくないものの、いわゆる「営業」をしている所は全くない。今やこの町の経済活動は完全に停止してしまっているようだ。住宅街に至っては人の影すらまばらであった。足元は道路以外はまだぬかるみのまま、歩くのもままならない。時折、すでに瓦礫然とした家々で、家財道具を取り出しているのだろうか、作業をしている人の姿が見える事もあった。作業というものが、これほど虚しく映った事はなかった。

お手伝いのさなか、感動の再会劇に遭遇する事になった。年配の主婦Sさんは知人らしい人に偶然行き会った。

「あらぁーっ、生ぎてたの!?」

「首まで水がきたから、完全に覚悟さ決めたけど、まだ生ぎてるー」

津波で流されてきたアンパンマンのぬいぐるみ（2011年4月）

「あたしも避難所で一日目は油揚げ1枚、二日目は豆腐少し、三日目にとうとうせんべい半分に分けてけれって言われた時はもうだめだ、死ぬと思ったさ……」

「でもお互い命があってよがったなぁ」

「でもきょうだいはみんな死んだ……」

そこまで言って、明るく気丈なSさんは涙を隠すように拭いた……。

この町の被害の特徴は、建物の骨組みは残っているものの、1階部分が完全に波にさらわれてしまった半壊家屋が非常に多かった事だ。ここに、ボランティアを中心とする人力にしかできない仕事が生まれる。全てが流されてしまった所では、逆に人手の介在する余地は少ない。のちのち多くのボランティアがまず石巻を目指したのも、受け入れ側の態勢が整っていた事や、交通の便が比較的良かったという事もあるが、こうした特殊な被災状況によるところも大きかったように思う。

運良く住居の2階部分が残った人たちはそこで生活を続けることもできたが、多くの人が避難所への入所を余儀なくされていた。避難所は大小様々なものがあるようだ。大学の大視聴覚講義室で教壇の上に横たわる人もいれば、後ろへ行くほど高くなる斜めの廊下で居心地悪そうに腰を下ろす人もいた。路地裏の小さな集会場で、肩を寄せ合い毛布を分け合いながら過ごす人もいた。大型スーパーや市役所が入るビルも避難所となり、その様相を一変させていた。寺社はもれなく避難所となっているようだ。大きなやかんでお湯を沸かしているからすぐに分かる。トイレはどこも悪臭を放っていた。水道の復旧にはまだまだ時間がかかるだろう。被災者の手元の食べ物はどこもパンとおにぎりとカップラーメンばかりが目に付く。もちろん、震災以来入浴もない。全ての被災者の顔に、疲労困ぱいの様相が色濃く出ている。

避難中の人に、できることは少なかった。多くの人が、まるで過ぎ行く時間に身を任せるように、佇んでいた。時折ボランティアの音楽家や劇団員たちがやってきては、そんな被災者を元気付けようと得意の芸を披露していった。

大きな避難所の受付には、壁一面に尋ね人の張り紙が折り重なるように貼られていて息を呑む。

「鈴木花子、生きてます。お母さん、連絡ください。090-○×△□-○×△□」

「佐藤一郎、歩いて○○町へ行きます」

「山田太郎を探しています。○才、中肉中背……」

どれも肉親の安否すら分からない人たちの張り裂けんばかりの命の叫びだ。この中の何枚が、無事役目を終えて剥がされる日が来たのだろうか。

何もかもが言語を絶する被災地の惨状。人はみな、自分の身に大災害が降りかかるとは思っていない。でもそれは、そんなことが起こるはずがないと高をくくっているに過ぎないのだ。それは起こらない可能性の方がずっと高いが、誰にでも等しく起こる可能性がある。目の前の被災者を見ると、3月10日まで同じ普通の日本人であったのが、あの日を境に全く別の境遇の人間になってしまった不条理に思いを馳せずにはいられない。とはいえ、「非被災者」という自分の身分に改めて疑問を呈すこともできないのだ。そんな葛藤が心を揺さぶる。全てが神の思し召しか何かなら、承服するのも簡単なのであろうが。

いつまでも感傷に浸ってばかりでは活動にならないし、そんな疑問に答えを出すためにここへ来たわけでもない。しばらくする頃には、もうぺしゃんこの車くらいでは見ても何も感じなくなっていた。

まずは炊き出し

現地に着くまでは被災地での活動内容は良く分からなかったが、確実にイメージできる仕事としては、やはり「炊き出し」があった。インターネットでニュースとして見ている分には、炊き出しってどうやってやるんだろう？　などと思ったりもしたのだが、現地に行ってみれば何のことはない。どんな形であれ、たとえ不味くてもちゃんと調理をして相当数の被災者に食物を提供できれば炊き出しなのだ（もちろん、原則的に届出は必要である。特に行政の管理している避難所などで行う場合は必須であろう）。

私たちの団体では市内3～4箇所で毎日炊き出しを行っていた。献立は調理の心得のあるボランティアが、その日の食材を見て考える。ちなみに、炊き出しをするのは基本的にすべて昼食である。朝暗いうちから準備して朝食に間に合わせる余力はないし、灯りのない中で夕食を提供するのも不可能である。やったとしても、誰も食べに来られないだろう。

この日のメニューはラーメンだ。やはり何といっても温かい物が喜ばれる。大きなずんどうに入れたスープと、大鍋一杯の麺を持ってワゴン車で出発！　特にスープの方はかなりの重さである。倒れないようにと荷台に乗って走行中ずんどうを押さえてはいるものの、何かの衝撃で倒れそうになったら押さえきれる自信はない。しかし、初めて被災者に施しができると、内心は躍っていた。

炊き出しをする上で最も気を付けなければならないのが衛生面だ。折りしも避難所でのノロウイルス感染が問題になっていた時分である。調理中ももちろんそうだが、被災者への提供時にも、細心の注意を払わなくてはいけない。医療現場で使うような薄手の使い捨てゴム手袋をはめ、その上からアルコール消毒液による消毒を行う。手袋の使用はもちろん1回限りで、例えば何か荷物の持ち運びであっても、別の作業をした場合は新しい手袋に取り替えて再度消毒を行う。

私たちが最初に向かったのは市内にあるお寺。ここで半分の食材と人員を降ろし、次の現場へ向かう。残ったメンバーは言わば機動部隊だ。住宅街の中を様子を伺いながら、あちらこちらと神出鬼没にラーメンを振る舞うのである。

着いた場所は住宅街の一角にある元スーパーの駐車場。この周辺の人なら、誰でも知っているスーパーに違いない。ここでさらに盛り付け隊とアナウンス隊に分かれて準備を続ける。諸事情で来られなくなったカメの代わりのヘビ（男）と私は、このスーパーを基点に半径200メートルくらいの範囲に手当たり次第声をかける。

「ただ今、スーパー○○でラーメンの炊き出しを行っておりまーす！」

少しでも多くの人に聞こえるように、ボリュームをマックスにして声を張り上げる。やはり最初は少しばかり照れがあったが、すぐに慣れた。するとどこにこんなに人がいたのか、どこからともなく人が集まってきた。ある程度声をかけたら大忙しの盛り付け隊に加勢すべく車へ戻る。静まりかえった住宅地に、ほんの一点、賑わいが戻った。麺とスープだけのささやかなラーメンだけど、美味しいと言って笑顔で食べてもらえればやはり嬉しい。

「パンとおにぎりばっかりでねぇ。助かるわぁ」

と感謝の言葉もかけてもらえれば、運んで声かけをしただけの自分に恐縮すらしてしまう。このラーメンがここへ来るまでに、当然ながらいろいろな人の手を通っている。だが直接お礼を言ってもらえるのは最後の媒介者である自分たちだけだ。一番おいしい役回りである。この声は、せめて調理や洗い場の人たちには伝えなければ。

炊き出しと言えば、今回の東日本大震災では芸能人などの著名人が被災地に訪れることもしばしばあった。傍から見て、売名行為にしか見えないような場合もあったし（本人は至って本気かもしれないが）、かなり大掛かりで本格的なものもあった。この町にも、このあと数週間後に、とある芸能グループが来て長期にわたって大々的に炊き出しを展開した事があった。ニュースで見るその光景はどこかのお祭りの縁日のようでもあった。こうして支援に来てくれる事はもちろん、現地でも大歓迎だし、感謝もしていると思う。避難所に届いた焼そばやカレーは多くの被災者を元気付けただろう。しかし、結果的に、あそこまで話題になってしまうと、地元の人たちの手から離れて、少し宙に浮いてしまっていた感じもしなくはない。

地元の人の話によると、あの大行列に並んでいた人は、仙台辺りからやってきた物見高い人たちも多かった。それもそのはず、当地の被災者が家の片付けを放り出して何時間もの行列に並んでいるだけの余裕がある事は少ないし、実際に交通渋滞まで起きて、通常の復旧活動に影響が出たという話も聞いた。これは、頑張って炊き出しをしたタレントさんたちにとっても不本意なことであろう。あれだけの資力と人手があったのだから、もっと地道なやり方ができれば、本当に地元の人の心に残るような偉大な貢献ができたのではないかと。つまり、「もったいない」というのである。

それよりも震災直後、本当に困った時に街角で頂いた味噌汁一杯の方が後々忘れられないそうだ。どうせやるならそんな心に残る炊き出しにしたいなどと思ったりもしたが、そんなのはボランティアの勝手なエゴなのかもしれない。

2箇所、3箇所と炊き出しを繰り返していると、スープと麺のどちらかが足りなくなってくる。炊き出しは、食材配分のバランスも難しい。今回はスープが足りなくなった。最後の方の人たちには麺強制大盛りとなったが、それはそれで好評だったようだ。ラーメンがなくなる頃にはもう陽が傾いていた。

「遺体の仮埋葬をまだお済ませでない方は、期日までにお済ませください」

災害用の非常放送が夕暮れの石巻にこだましていた。

「一番槍」の現場

私たちの班の二日目の仕事が決まった。予想通り「ドロ」である！　ドロというのは「泥出し」のことで、これをもって今回の震災ボランティア活動の最重要作業と言っても差し支えないだろう。東日本大震災復興支援活動において最も象徴的にして、ボリューム的にも大半を占めるボランティアの作業である。

多くの人と物を押し流した津波は、引き波として直ぐに海に戻っていったわけではない。場所によっては水が完全に引くまでに何日もの日数を必要とした。数日間「海の底」と化した民家の1階、道路、田畑などには津波で流された大量の土砂が持ち込まれ、堆積し、津波が引いたあとでもいわゆる「ヘドロ」となって石巻の町中を覆っていたのである。石巻市内中心部は特に水の引くのが遅かったと聞いているし、何より現場の大量のヘドロがそれを物語っている。

さて、このヘドロを誰がどこからどう処分するか。どこもかしこもただ闇雲にやればいいというわけではもちろんなく、優先順位がある。10メートルを超えるような高波によって家々が根こそぎ持っていかれてしまったような地区では、実はこの作業は取り急ぎ必要ない。一面の焼け野原のようになってしまった所よりも、人々の生活再生に少しでも近い所から始めなくてはならない。道路の多くはすでに自衛隊の手によって地均しされている（ゼロからここまでやってくれた自衛隊はすごい！）。続いては、民家や商店街の1階部分や歩道エリアという事になるが、ここが素人の集まりであるボランティアの活躍の場となるのだ。

こういった場所がボランティアの担当になるのには理由があり、広い屋外の作業ならともかく、屋根も壁もある家屋の中では重機が使えず（当時まだ重機はあまり到着しておらず、数えるほどしか見かけなかったが）、すべて人力による人海戦術に頼らざるを得ないという事情があったのだ。

五人の班が二人と三人に分かれ、私とナオが向かった市内中心部の現場は予想どおり凄まじいものだった。1階で小料理屋さんを経営しているお宅なのだが、建物外観はそれほど損傷を受けていないようにも見えるものの、1階カウンター7〜8席ほどの純和風店舗の中は床下15センチほどまでドス黒いヘドロが堆積し、鍋・釜・食器の類はもちろん、業務用冷蔵庫、椅子、正体不明の木製梯子、ご主人のゴルフバッグなどがまるで無重力の宇宙船の中にでもあるかのように縦横無尽にひっくり返っている。至るところが泥にまみれ、異常な湿気と異臭に満たされていた。

外を見ると、外壁にくっきりと残っている津波の最高到達ラインは私の頭のちょっと上、だいたい2メートルほどの所（もちろん、海抜2メートルということではなく、地面から2メートルということ）。つまり、この小料理店はほぼ1階の屋根近くまで水に浸っていたということで、当然震災から数日間はあらゆる物がこの空間の中をプカプカと浮遊していたことだろう。大型家電製品といえどももちろん例外ではなく、二つの冷蔵庫のうち一つはカウンターと食器棚にまたがって今では宙に浮いているし、もう一つは調理場の水道の蛇口に頭を突っ込み足を壁にめり込ませてうつ伏せになって倒れている。その開いたドアからは得体の知れない液体が斜めにしたたり落ちていた。

仕事は全てまずアクセス空間を確保することから始まる。とにかく、この冷蔵庫を排除することを午前中の目標とし、家のご主人も加わって作業を開始することにした（幸い、このお宅では犠牲者も怪我人も出ていなかった）。うつ伏せになっている方の冷蔵庫を少しでも軽くするためには中の残廃物を取り出さなくてはならない。残りのドアを開けると同時に海水がジャッバーンと下にこぼれた。中から腐った魚、野菜、肉などを手づかみで取り出し、作戦を考える。

この小料理店の出入口は二つしかなく、一つは遠く（といっても10メートルほど）離れた玄関、もう一つは調理場にある幅1メートル弱、高さ2メートルほどの勝手口である。玄関から運び出すのは物理的に不可能、実際のところこの冷蔵庫はこの勝手口から搬入したらしいが、冷蔵庫の大きさもこの勝手口の間口とほぼ同じであり、調理場といっても畳2畳分くらいあるかないかの狭い所で、それゆえに冷蔵庫の方向転換は縦にも横にもできない。入れられたのなら同じように出すこともできるはずだが、それには蛇口に頭を突っ込んでいる冷蔵庫を起こして立たせて、そのままの体勢で引きずるようにして勝手口から出さなければならない。ヘドロの積もる床の上を、しかも他の障害物が邪魔をする中で、これを成し遂げるのは限りなく不可能に近く思われた。

さもなければ調理場の窓から外に押し出すしかないのだが、しかしこの窓の内側には蛇口があり、蛇口の高さ約20センチ分くらいがどうしても邪魔になる。蛇口の最高部から窓の上枠までの寸法を測ってみると（もちろん、メジャーなど便利な道具はないが）、ほぼ冷蔵庫の幅と同じであるようだ。ご主人はこの蛇口を切るなり壊すなりしてもいいとおっしゃったが、そんなことのできる道具もない。この窓から蛇口の上を引きずってこの巨大冷蔵庫を押し出せる確率は五分と五分、しかし、途中でこの蛇口が冷蔵庫の空洞部分に挟まりでもしたらもはや人間の力ではどうすることもできなくなってしまうだろう。

この決断は三人の中では当然一番力があるであろう私に委ねられることになった。10分ほど、悩んだり、手で冷蔵庫の寸法を計りなおしたりしたあと、私は窓の外へ押し出す方へ賭けた……。

まずは邪魔になりそうな小物の撤去から。ガスコンロや食器、業務用の調味料が入った一斗缶などを外に運び出し、自分が力を出せる体勢を得られる足場や空間を確保したあと、壁にめり込んだ冷蔵庫の下部を引きずり出す。力任せに引っ張って、外れた！　と思った瞬間、冷蔵庫はズドンと大きな音を立てて斜め下に転がり落ちた。それまで頭、床、壁にめり込んだ部分の三点確保で平衡を保っていたものが、壁から抜けたことで当然にしてバランスを失ったのだ。運良く怪我はなかったが、ここで足でも挟まれていたら私の復興支援はここで終わっていたかもしれない。続いてご主人と私が冷蔵庫の下部分をせーので持ち上げ、ナオが外から頭を引っ張り出す。二人で持ち上げても耐えきれないほどの重みだ。ヘドロや腐った液体がこぼれてくるし……。

「ボランティアは危険なことは断っていい」、ふと説明会で言われた言葉が脳裏をよぎるが、ここで手を放したらもっと危険だ！　もう、死んでも放せない……。冷蔵庫の一点が蛇口の上に乗り、傾いたヤジロベエのような状態になったこの冷蔵庫の重量の大半をこの蛇口が支えている。窓のスペースはぎりぎりだ、おそらく2ミリと余裕はないだろう。あとはこのまま押し出すしかない。冷蔵庫が前へ進むたびに蛇口と擦れて嫌な金属音を立てる中、案の定途中でネジか何かにひっかかって前へ進まなくなった。が、もう止めるわけには

いかない。力任せに押してみると蛇口が重みに負けて下に曲がったのか、また少しずつ前に進みだした。高さ2メートルほどの冷蔵庫の上半分ほどが窓から外に顔を出した。

ここまできたらあと少しだ！　微妙なバランスを保って窓枠にはまっている冷蔵庫から一旦手を放して暫し休憩。さあ、あともう少しだ！　一押しで約2センチ、次第にまだ外に出ていない部分の方が少なくなっていく。こうなると冷蔵庫が落ちないように外で支えているナオが大変だ。ご主人が応援に回って一気に外へ押して引きずり出す！　この繰り返しで結局2時間近くを費やしたようだった。ついに巨大冷蔵庫はドスーンと音を立てて窓の外へ滑り落ちた。やればできるもんだな……。辛くも難を乗り切った頃にはもう腹が鳴り出す時分になっていた。

1時間ほどのお昼休憩。メニューは定番の賞味期限切れおにぎりとパン。ご主人がお茶と魚肉ソーセージと茶菓子を添えてくれた。ソーセージ1本だって今ここでは貴重な食料であることは間違いない。遠慮して断っても、「いいから気にしないで食べなさい」と勧めてくれる。これが、東北人気質なのだ。自分は遠慮するのに人には遠慮させない。人を温かくもてなす歓待精神を貫くことが当たり前になっている。まだ肌寒い季節の中、ほんのり暖まった気持ちがまた午後の作業の原動力になる。

午後一番の作業は小料理店の床一面に堆積したヘドロの撤去から始まった。大量のヘドロをスコップで1杯ずつすくっては外に運んで棄てるハードで地道な作業になる。前夜、すでにこの作業をした仲間から噂は聞いていたが、聞きしに勝るとはこういう事を言う。とにかくこのヘドロが重くて臭いがきつい。もちろん、マスクを着用しての作業になるのだが、それでも隙間から嫌な臭いが入り込んでくるので上級者になると防塵用マスクを着用する人も後々多く見受けられた。グジャッとヘドロにスコップを差し込み、セヤーッとすくって持ち上げて、その勢いを少しでも殺さないうちに傍らの一輪車（「ネコ」と呼ぶ）にグチャッと放り込む。これを何十回となく繰り返すのだが、1回の動作でスコップ1杯のヘドロがすくえた時は誰しも小さな喜びを覚える。なぜなら、ヘドロの中のゴミから食器までありとあらゆる不純物が邪魔をして、スコップがサックリと一番奥まで入り込むことはまずないからだ。力任せに持ち上げてみたものの、固形物がひっかかったり抜け落ちたりでろくに収穫が上がらなかった時は逆に一気に気持ちが折れる。根気の要る労働だ。

民家の床を覆うように堆積するヘドロ（2011年４月）

　玄関周辺に目をやると、骨組みがボキボキに折れて用をなさなくなったスライド式玄関扉のガラスが粉々に飛び散って、周囲のヘドロの中でまるで蠢《うごめ》いているかのようである。これを最後はほうきと塵取りでくまなく取り除いたところで残り時間はあと2時間ほど、続いて建物外周のヘドロ掃除にとりかかった。

外のヘドロは外気にさらされて比較的乾いており作業はすこぶるやりやすかったが、なんとこの中で20日間生き埋めになって身動きもできなかったであろう命が救われる一幕があった。運良くスコップの刃先に当たらなくてよかったが、掘り起こしたヘドロの中から現れたのはなんとカニである。震災の被害に遭ったのはもちろん、我々人間だけではなく、多くの海の生き物も同様であった。市内には至る所に打ち上げられて二度と海に戻れなかった魚たちの亡骸が転がっており、後々夏を迎える頃に市民を悩ませる事になる悪臭や巨大化した「震災バエ」の発生は、こういった事情も原因の一つである。

20日以上を飲まず食わず動かずで生き延びた小さなカニは、日の光を浴びて元気を取り戻したのか、何事もなかったようにちょこまかと動き回っている。

「カニがいましたよ、カニ！」

この一言でご近所さんがぞろぞろと集まってきた。多くの人命が波に流されてからまだ幾ばくもない時である。錯乱した情報の中に一縷の光明も見出せない絶望と必死に闘っている人たちである。こんなニュースでも本当にうれしかったのだと思う。生還したカニは皆に祝福されながら故郷へ還されることになった。近くの旧北上川のほとりで放されると、カニは自ら川の中に還っていった。つまり、やはり川ガニだったのだ。ということは、ここにやってきた津波は海から来たのではなかったという事になる。海からやってきた津波は旧北上川を逆上し、溢れ出して石巻市中心部を襲ったのだ。

ご主人の証言がそれを裏付けている。津波は海からではなく、「川から」来たと。今私が立っているこの家の前の小道は、地震から数十分後、遠くへ逃げようとするタクシーや自家用車で埋まり、身動きが取れなくなっていたそうだ。あきらめて歩いて逃げる人もいれば、なお車に留まる人もいた。そこへ、津波が襲った。この地震では車で逃げたから助かった人、歩いて逃げたから助かった人、どちらも大勢いる。文字通り生と死を分けた非情な運命の一瞬にはマニュアルなどないのだ。ご主人の家の1階が海となった3月11日の夜、離れたお宅から救いを求める断末魔の呻き声をご主人は聞いた。だが、もう文字通りどうしようもなかったそうだ。次の日の朝にはその女性の声はすでに聞こえなくなっていた。もう本当に自分の身を守るのに精一杯だった。数日後水が引き始めた時、通りで立ち往生していた車はまるでスクラップ工場の廃車のように上下に折り重なって潰れていた。そして、タクシーの運転手とお客さんは結局助からなかった事を知った。車の中のヘドロが人の形をしていたからである。

今私がいる場所は、そんな生死の悲劇があった場所。それも、ほんの少し前の出来事。

カニの放流後、散歩から戻ってきたナオが神妙な顔をしている。今まさにカニを還したその川で、浮流するご遺体を見てしまったのだ。当時はまだまだ、何もかもが異常だった。信じられないような光景と惨苦。そんな中に立っている自分が自分でないような錯覚を覚える毎日。これからの日本はいったいどうなるのだろう？

ボランティアの作業は遅くても4時には終わる。終えなければいけないと言った方が正しいかもしれない。電気など通ってない被災地は、日没と同時に一寸先の瓦礫も見えないほどの漆黒の闇の世界と化すからである。ボランティアは日が落ちる前に少しでも早くテントに戻り、就寝の準備を整えないと懐中電灯があるとはいえあとが面倒になる。今日一日で積み上げたヘドロと瓦礫の山は軽自動車1台分ほどもあろうか。その脇には件《くだん》のタクシーの屋根のあんどんが、もはや瓦礫の一部分になって廃棄されていた。ここにある瓦礫の一つ一つ全てが、形ある、機能ある、思い出ある完成された品々だったのだ。

一日のお礼にとご主人から頂いた泥まみれの「被災ビール」を片手に現場を後にした。

「次に来る時はお客さんとして」

そう再会と復興をお互いに誓いながら。

ヘドロの恐怖、まさに4Kのボランティア活動

東日本大震災における災害ボランティア最大の敵はヘドロだ。ヘドロといっても、津波が残したヘドロは普通のヘドロではない。これに比べたら田んぼのドブのヘドロなど清水の如しである。

なぜか。国立環境研究所のホームページによると、津波のヘドロの成分は腐敗物（有機物）、油分、重金属類、農薬・ＰＣＢ等の科学物質＋雑多なごみ（固形物）とある。要はどんな有害物質が含まれているか全く分からないということだ。アスベストが含まれていることだってないとは言えないだろう。もとは普通の海水と海底の土砂だったはずの水が陸上に長い間留まることによってありとあらゆるものを巻き込んで、ミックスにし、泥を通り越してヘドロとなって堆積しているのである。

このヘドロをどうするべきか。先ほどの研究所のホームページによると、「性急に海洋投棄や埋め戻し等の対策を講ずることは避けるべきである」とある。何が混じっているか分からないから埋めたりしてはいけないというのだ。ではどうしたらいいのか？

「緊急的に除去が必要な場合には、ボランティア等による人力、あるいは重機等を活用して除去し、飛散等に留意しながら運搬して、適切な場所に一時的に集積・保管する」とのこと。

ボランティアを重機のように「活用」して「適切」な場所に運べということだ。「不適切」な場所にわざわざ持って行く人間はいないし、そんな場所が住宅街にそうそうあれば苦労は少ない。これでは現場では何の指針にもならない。さらに、「異臭や色、周辺の状況などから判断して有害物質等を含む可能性がある場合には、他のヘドロと混じらないように処理できるようにする」

そうだ。

「全部めちゃくちゃクセぇんだヨーッ！」という現場の声が聞こえてきそうである。事実、へドロはとてつもなく臭かった。腐敗臭と重油の混じったあの臭いは忘れられるものではない。不本意ではあるが、あの臭いと被災地の臭いが、追憶の中で重なってしまっている。東日本大震災災害ボランティアの仕事は、いわゆる3K（きつい、汚い、危険）にこの「クサイ」を加えて4Kだ。

震災後の初期対応に当たるボランティアの仕事はきつい。もちろん、体力的には楽な仕事もあったが、一番求められていたのはやはりこの泥出しであった。朝から夕方まで一心不乱にスコップを振り下ろし、重たいヘドロをすくっては土のう袋に入れる。基本的には永遠にこれの繰り返しだ。溜まったヘドロは一輪車に乗せて屋外へ運ぶ。一輪車一杯分のヘドロの重さは普通の女性には支えきれない。男性でもよくバランスを崩して道路にヘドロをぶちまけることがよくあった。また、男性なら大きな家具や家電の撤去を頼まれる事も少なくない。ちょっとした引越しアルバイトなどより体力的にきついのである。その上、食事も大したものがとれないときている。

そして汚い。一日が終わる頃には衣服が上下ともにヘドロで真っ黒になる。活動が終わる午後4時頃には、市内の水汲み場でホースからの放水を全身で浴び、カッパの汚れを落とすボランティアの姿が風物詩となっていた。

また、ボランティアの作業は実際に危険が伴う。ヘドロにはほとんどの場合、ガラス片が含まれている。確かに、世の中にはどれだけガラスが多い事かと改めて気付く。ただでさえ薄暗い屋内で、黒いヘドロの中に潜むガラス片を見分けるのは不可能に近い。ひどい時などはスコップでヘドロをすくっているのか、ガラス片をすくっているのか、分からなくなるような時もある。ゆえに、ヘドロに足を踏み入れてガラス片や釘を踏み抜く事故がよく起こる。ガラスで手をバッサリと切ってしまい、途中で急遽帰宅した女性もいた。

危険はガラスや釘だけではない。信号も点いていない市内でトラックの荷台に乗って移動することも危ないし、様々な感染症に罹患する確率も高い。ある時私が徒歩で橋を渡っていた時、一休さんのように何気なく端を歩いていると、地元の方に「こんな時にまで端を歩かなくてもいいの！　真ん中を歩きなさい！」と一喝された。

理由が分からぬままにその方の気迫に押されて橋の真ん中を歩いたが、理由は渡り終わって橋を遠くから見て分かった。橋の端は、もうコンクリートが剥げ落ちて、今にも崩れ落ちそうに見えた。危険はどこに潜んでいるか予測がつかない。東北の藪の中でボランティアがヘビに咬まれたなどという話も聞いたし、余震も活発に続いている。だからこそ、ボランティア活動保険というものがあり、皆それに加入しているのだ。

ある日の午後、私の指先が赤く腫れ上がった。深爪で爪の中が少し開いていた指だ。他の指もそれほどではないが、腫れている。ヘドロが爪の中に入り込んだのだろうか。

その日の午前に伺ったお宅では、津波にのまれた倉庫の中で作業をした。片付けが終わると、コンクリートの床には置いてあったダンボールやその他の荷物の形状通りにくっきりとヘドロが写り込んでいた。洗い落とそうと頑張ったが、どんな洗剤も役に立たなかった。何かの有機溶剤がヘドロに溶け込んでいたのだろうか（次頁）。

かなり厚手の作業用ゴム手袋をしていたのだが、その程度のものではこのヘドロには太刀打ちできなかったのかもしれない。本部の指示で敷地内にある赤十字病院を受診することになった。本当にヘドロは恐ろしい。

だが、この有害なヘドロで覆われた町をなんとかしなくては、日本の復興はない。

初めての入浴

4月に入る頃、避難所の被災者の最も切実な悩みの一つに入浴があった。波間を漂った人も含めて、3月11日から一度も入浴していない。風呂に入る方法は二つ。一つは車で遠方の風呂へ入りに行くか、あるいは風呂を何とかして沸かすしかない。確かに、一部の内陸部の入浴施設が被災者無料の入浴サービスを始めたりして、それに呼応し

コンクリートの床に染み込んで落ちなくなったヘドロ（2011年4月）

てボランティアが遠くの施設まで送迎を行うなど、入浴が「話題」になり始めた頃ではあった。とはいっても、まだ仙台市内ですら営業を開始した入浴施設はほとんどない状態。送迎によって多くの被災者に入浴を提供する事はまだまだ叶わなかった。4月上旬の時点で、炊き出しをもらいに来る自宅生活者から、

「昨日、やっと電気が来たの〜！」

「うちもとうとう水が出たのよ！」

という喜びの声をちらほら耳にすることができたが、それでもまだ都市ガスはない。ガスは最後なのだ。

そんな石巻のとある小避難所に救世主が舞い降りるという情報が入った。男手が必要とのことで、急遽私が赴くことになった。やってきた救世主は長野からのおじさん三人衆。中古の浴槽四つと湯沸し装置、大きな貯水タンクを引っさげての登場だ。仕組みは簡単、高さ2メートルほどのやぐらを組んで、その上に貯水タンクを設置。地球の引力で水を湯沸し装置に送り込み、沸いたお湯をホースで浴槽に流し込む。湯沸しには薪を使う。幸い薪には全く困らない。木片なら、瓦礫を漁ればいくらでもある。

原理は単純だが、そう上手くいくのだろうかと思ってしまう。しかし工務店の方々だろうか、手さばきは完全にプロの風格を漂わせている。どうやらかなり期待がもてそうだ。

まずは入浴シーンが外から見えないように、「浴室」を囲わなければいけない。これはテント

を使った。運動会の放送席タイプのテントに横断幕を張り、中に四つの浴槽を配置する。さらに、浴槽の脇に脱衣所代わりのすのこを置けば、これだけで避難所の敷地内にミニ銭湯のできあがりだ。あとは熱いお湯が出てくればＯＫである。

薪を絶やさぬよう気をつけながら、ボイラーの温度が高まるのを待つ。しばらくすると、煙突から黒い煙が昇り、やかんの水も温まり出した。準備は整ったようだ。ホースにお湯を送り込むと、浴槽に熱いお湯がなみなみと注ぎ出した。成功だ！

ただし、ここからの温度調節が難しい。お風呂の湯は3度狂えば入れなくなる。浴槽の湯を温める事はできないので、少し熱めのお湯を入れてからいい具合に水でうめるしかない。私の冷えた手では湯加減を間違えないか心配だ。

どの浴槽にもほどよくお湯がたまり、ついにボスのＯＫも出た！

「お風呂が沸けましたよ！　早めにお入りください！」

待ってましたとばかりにおじいさんたちがタオルを持ってやってくる。約1ヶ月振りのお風呂、いったいどんな心地なのだろうか。

「あ〜極楽、極楽」

月並みな言葉だが、被災者の口から漏れた一言ゆえに重い。この一瞬をどれだけ待ち焦がれていた事だろう。

問題はこの装置を今後しばらく避難所の人たちだけで使いこなしていけるかどうかだが、何日かはアフターフォローもしてくれるようなので大丈夫そうだ。そうなれば、近所の人たちも入浴に来るようになって、避難所も賑わいをみせるに違いない。

「生きる力が湧いてきたよ」

風呂上りのおじいさんの顔に笑みがこぼれていた。

4月7日23時32分、最大の余震発生

その日も前日と変わらない夜だった。テント生活にも慣れてきたのか、手際よく夕食と就寝準備をすませ、談笑もほどほどにまた男女五人がぴったり寄り添いながらいびきをかき始めていた頃である。なぜかは記憶してないが、まだ眠りにつけなかった私は小さな地面の揺れに気付い

た。もともと地震に敏感な体質なので、静止して横になっている状態ならわずかな初期微動でもすぐに感知する。なにしろ余震のない夜はない。少なくても一晩で2回3回の体感地震がある。昼間は自分が動いているので感じないだけだ。

「あ、またか……」、心の中でぼやいた次の瞬間、大地が唸った。今でもはっきりと記憶している。最初に襲ってきたのは揺れではなく音だった。地鳴りだ！　テントで寝ているということは、枕の下はビニールシート1枚挟んで地面である。枕といっても空気で膨らますクッションかセーターと使用済みシャツのたたみ合わせなので、地面に耳を付けて寝ているようなものなのだ。まさに轟音、地面奥深くから巨大な何かが猛スピードで迫ってくるような凄烈さだった。例えるなら、新幹線通過駅で「のぞみ」や「はやて」が最高時速で突っ走っていくあの時の音である。ゴォォーと圧倒的なパワー感で迫るあの轟音は、その間ほんの1、2秒だったであろうが、新幹線が耳に到達するや否や大地の鳴動が闇を裂いた。地面の上に直接横たわる身には大地震のエネルギーがそのまま伝わり、激しい揺れが体を襲う。

「キャーッ！」

「でかいぞ！」

周囲のテントからも悲鳴があがった。私は直感的に震度5と判定した。なぜ過小評価したのか。一つは横になっていたため体が安定していたこと、もう一つは広い運動場のテントの中には倒れる物も、音を立てて揺れたり割れたりする物もなかったからだと思う。それに、これだけの強い揺れそのものが人生初の体験だった事もあるかもしれない。

どれくらい揺れが続いたのだろうか、揺れが収まるや否や、今度はウウゥゥゥーとけたたましいサイレンの大音響とともに避難を呼びかけるアナウンスが始まった。

「ただ今、津波警報が発令されました。ただちに高台へ避難してください！」

私の地元で迷子や光化学スモッグ発生を知らせるひばり放送とは音量も緊張感も全く違う。私は飛び起きてテントの外に出て（落下物の危険性は皆無だったので）、次に取るべき行動を模索した。誰よりも迅速な行動をとれたのはまだ寝付いていなかったからだ。サイレンはなおも鳴り続け事態の異常さを伝えていたが、このサイレン音は地震そのものよりも私の恐怖心を強く煽った。これまで人生で5回あったかないかの死の予感すら……。辺りは凄然とした雰囲気に包まれ、地震とサイレンで目を覚ましたボランティアたちがテントの中から続々と這い出てきた。

「ボランティアのみなさん、こちらへ集まってください！」

NPOのリーダーの呼びかけで全ボランティアが1箇所に招集されることになった。まだ寝ぼけ眼の人も多かったせいもあると思うが、周囲の人間は私に比べて緊張感を欠いているように見えた。私は自分の班員を急かすために一人先を歩いて集合場所へ向かった（自分が見失われない程度の距離感を保って振り返りつつ歩いたにもかかわらず、この行動が「一人で逃げた」とあとで冷笑されることになるのだが）。この場所は石巻市の海岸からはかなり離れた大学の敷地内である。3月11日の地震でも、津波の被害は及ばなかった。しばらくの待機と人数確認のあと、一旦は皆自分のテントに戻される事になった。危険はないという判断にもある程度合理性があっただろう。

テントに戻って程なく再集合がかかった。やはり、今は避難所としてたくさんの被災者が生活する大学校舎内に避難するというのだ。

「なんだなんだ、どういうことだ?」「津波が来るのか!?」

一度安全だと言われたものをまた再度避難するというのだから、緊張感は否応なしに高められる。先ほど集合した場所に全ボランティアがまた集まると、他のNPOの人たちも集まっている。どうやら、今ここにいるボランティア全員が、この建物の3～4階に避難することになったらしい。すでに地震発生から20、30分が経っただろうか。日付が替わる頃、深夜にもかかわらずテレビニュースが激しい揺れの画像と共に余震発生と津波警報を伝えるのを、ボランティアたちは携帯のワンセグで食い入るようにして見ていた。震度6強、石巻は震度6弱だ。宮城県沖の広い範囲に津波警報の赤いランプが点灯している。

「テレビで見たあの津波がここに来る」

「死ぬかもしれない……」

夜の暗闇も手伝って、言いようのない恐怖感が辺りを包んだ。極限的な状況に追い込まれた時、人間のとる態様は様々である。おどおどする人、じたばたする人、ひたすら冷静に努めようと構える人、ここぞとばかりにリーダーシップを発揮して皆を救おうとする人。特に目立つのが、日常でも話さないようなくだらない話題を持ち出し続けることによって自分の冷静さをアピールする人である。人間死に直面した時は正直だ。直面とは大げさではあるが、あの時は誰しもがその可能性を否定し切れなかったのは確かだと思う。

いよいよ移動が始まった。１００人を超える人が狭い階段を一度に移動するのだから大変だ。懐中電灯の灯りをたよりに子供の時の避難訓練を思い出しながらカツンカツンと階段を上がり、3階の踊り場で皆が待機することになった。長い時間の始まりだ。暗い建物の中で災害ラジオの音がこだまする。中には疲れて寝てしまう人もいるが、場合によっては生死を左右するこの状況で目を瞑れる人はやはり少ない。心配しているであろう家族や友人に連絡を試みる人も多いが、携帯の回線はすでにパンク状態でほとんど繋がらない。建物の屋上に取り残されて救助を待っていた被災地の映像が頭をよぎる。皆でお互いの不安を打ち消しながらじっと事の成り行きに固唾を呑んだ。震度6……。揺れが本震とほぼ同じなら今回は津波が来ないと考える方が不自然だ。

「ここまでは津波たぶん来ないよね？」「まあ、もし来てもこの高さなら大丈夫でしょ」。不安げに何も見えない暗い窓の外を覗いている人も多い。

随分時間が経った。ラジオやテレビの伝える津波の到達予想時刻は過ぎている。が、ここには津波の影は全く見えない。どうやら大丈夫なようだ。しかし、気になるのは市内の様子だ。果たしてまた津波は押し寄せたのだろうか？　また人も家も流されてしまったのか？　もし運良くそれほど大きな津波でなかったとしても、これまで1週間の自分たちの労苦は文字通り再び水泡に帰してしまったのだろうか。全部やり直し？　そう思っていたのはボランティアだけではなかった。事実、復興に向けてスタートを切ったかに見えた被災地を襲ったこの余震は、「また一からか……」と多くの被災者を落胆させていた。とどめの一撃を食らったような気がして、この余震の時の方が心が折れたと口を揃える被災者も多い。

その時ガチャン！　と踊り場の隅で落下音がした。本震で崩れた壁が、余震でさらに崩れたようだ。

何時間たっただろうか、津波警報の解除を待ってテントに戻ることになった。校舎の外に出ると避難前と一つだけ違っていたものがあった。「臭い」である。なんと、外の空気は夏の海水浴場さながらの「潮の薫り」に満ちていたのだ！　いや、ここでは「潮の臭い」と言うべきか。海に何らかの異変があったのは間違いない。不安を打ち消せないまま、再び眠れぬ夜を過ごすことになる。

この地震のショックで亡くなったお年寄りが何人かいたことをあとで知ったが、結局幸いにして津波は押し寄せなかった。しかし、余震の余震？　を警戒して、翌日のボランティア作業は全て中止、我々は予期せぬ休暇を与えられる事になったのだった。

エリート揃いの外国人部隊

今回の震災では世界各国から義援金や救援物資が来たり、アメリカ軍のトモダチ作戦があったことも記憶に新しいが、それだけでなく、生身のボランティアとして復興に汗を流してくれた外国人も多かった。私もある一日、そんな外国人部隊と行動を供にする事になった。メンバーはイギリス人二人、フランス人、ベトナム人、アルゼンチン人それぞれ一人。

「ドロとヘドロのチガイは?」などと多少は日本語をしゃべれる人もいる。

とにかく、彼らの行動力とパワー、体力、精神力がすごいのだ。敢えて付け加えれば破壊力も。それもそのはず、神奈川に住んでいる私がやっとの思いで来たこの地に、地球の裏とかから来ているのだ。逆に例えればイギリスの北、スコットランドやアルゼンチンの南、パタゴニアで同じような大震災が起きたとしたら、そこへボランティアに駆けつける一般日本人が果たしてどれだけいるだろうか。私はこの国の復興のためにやってきたが、彼らにしてみれば地球の復興のために来ているのかもしれない。彼らとの協働は貴重な経験になりそうだなと思ったが、地元の日本代表として負けるわけにも行かないというプレッシャーもあった。

だが、自分はいきなり負けていたかもしれない。向かった現場は1階が作業場になっている小さな家。作業場にある巨大な印刷機のようなもの（に見えた）をどかしてほしいという。1トンや2トンは軽くあるだろう。床はヘドロでぐちゃぐちゃになっていて、当然それが抵抗になる。内心「ちょっと待てよ……」と思って考え込んでいるとあとから来た彼らの方がためらいもなく先にポジションに着いた。

「こんなの動かせると思う?」と水を差した私に、

「Anything is possible!（何だってやればできる！）」

と一声。そんな精神論でいく気か？　と内心思いつつも力を貸さないわけにはいかない。15分くらい手を替え品を替え、場所を替えやっただろうか。「もう無理だ」と私が言おうとした時、ついにズズッーと確かにこの物体が床を滑る感触があった。確かに、力を合わせればできたのだった……。

次の現場は物産店の1階。ここでも彼らの活躍は凄まじかった。店内は大量のヘドロでぐちゃぐちゃな上、粉々になったショーウィンドーや売り物の陶磁器の破片が大量にヘドロに混じっている。私とパプアの侍コンビが抜き足差し足で恐る恐る足を踏み入れ、手を怪我しないようにそろりそろりとヘドロをすくっているのを尻目に、彼らは「ウリャー」と言わんばかりの勢いでヘドロを掻き出し、ガラスを処分していく。ガラス片など全く意に介していない。これは体力やパワーの差ではなく、明らかに精神力の差である。

私は何も彼らの活躍振りを紹介したくてこの節を書いたのではない。要するに言いたいことは、このような非常事態の時には常識に囚われない行動ができる人間がやはり活躍するのであり、必要なのだということだ。

「危険な事まではしなくてもいい」

「ボランティアなんだからやれる事だけやればいい」

その通りなのだが、そういう常識ある考え方をしているうちは、その範囲内のことしかできない。最後は私も彼らに負けじとガラスの海を渡って割れ損ないのガラスをハンマーでぶち割っていた。もちろん極限の注意を払いながら。やればできるのだ。日本男児の面目は保てたと思う。帰り道、彼らの一人に来日の動機を聞いてみた。返ってきた答えは深遠だった。

「Life is too long……（人生は長すぎる）」

彼らにしてみれば、まるで年収とか、雇用とかを守るために生きているような人生は本末転倒なのであろう。人生というものにあまり囚われず、それでいて誰よりも密度の濃い人生を送っている彼ら。

世界には、こういう人たちもいるのだと思うと、本当に復興だって何だってできるような気がしてくる。

Anything is possible！

要はそう考える事が大事なのだ。

第2章　復旧支援から生活支援へ

南三陸町内にはためく復興市のノボリ（2011年5月）

個人ボランティアは孤独との闘い

石巻である程度の感触を掴んだ私が、次に目指したのは気仙沼である。三陸海岸沿いの自治体の中では受け入れ態勢が整うのが早かったからだ。今回は、完全な一人ボランティア。でも、装備はばっちりだ。何もかも過不足なく揃えてある。厚手のカッパに、品薄だったヘルメットも手に入った。

まだ寒さが残る4月中旬のある日、東京からバスを乗り継いでまずは今や世界遺産平泉への拠点の町となった一ノ関へ。ここからさらにローカルバスで気仙沼に向かう。一ノ関は仙台からさらに100キロ近く北にある。寒さが一段と厳しい。ところで駅に着いてみると、JR大船渡線がなんと一ノ関から気仙沼まで開通しているではないか。つい先日復旧したらしい。そう言われるとなんだか乗ってみたくなってしまう。急遽予定を変更して電車で気仙沼へ向かう事にした。一足先に出発する、乗るはずだった気仙沼行きのバスを見送る。乗客はいないようだ。復興支援という観点で考えれば、こちらの地元のバスに乗るべきだったのだろうか。

気仙沼駅に着いてみると、その何事もなかったかのような雰囲気にまず驚いた。

「ようこそ気仙沼へ」「歓迎　まんずまんずよぐきたごど」

という東北弁の横断幕が掛かっている。なんだか温泉にでも入りに来たような気分になってしまう。駅のコンビニも普通に営業していた。津波に呑まれた電車が横たわり、ひねり曲がった線路に雑草が生えて、ひび割れたホームで野良猫が戯れている……、それがあの頃の私の「被災地の駅」のイメージだった。どういう事かと首をかしげてしまった。

外へ出てみてもまるで「被災地」のイメージはない。なにもかもが普通だ。帰ろうかな、と一瞬思った。

あとで分かったことだが、この気仙沼という町はとても土地の起伏が大きい町である。市街中心部も港からほど近いにもかかわらず、その地形のお陰で津波の難を免れていたのだ。駅から港まではゆるやかな下り坂。そして、市役所を過ぎてちょっと行った辺りから景観は激変する。

港の周辺の家屋は壊滅状態だ。上空には遺体捜索のヘリが低空を舐め回すように周回している。潮風が心地よい海岸沿いのプロムナードも大型船舶が打ち上げられて異様な光景を現出していた。海沿いに係留してある船はほとんどが真っ黒こげの燃えかすのようになっている。

そうだ、あの日の夜、津波のあとに火災に見舞われたのがここ気仙沼だった。あの夜、漂流物に燃え移って海上を彷徨う炎はさながら地獄の業火のようであったと聞いた。さらに被害が大きいのが港の奥の鹿折地区と湾の入り口の一帯だ。津波にすべてを破壊され、瓦礫しかない。惨状は石巻市街の比ではない。宇宙戦艦ヤマトのような大型漁船が、港から５００メートルほども離れた所に打ち上げられている。報道写真集の表紙を飾るのは、大抵この付近の写真だ（次頁）。

良くみると破壊された車にはすべて「ＯＫ」もしくは「ＣＬ」とスプレーで書いてある。想像できる理由は一つしかなかったし、やはりそれは当たっていた。ＣＬは clear の略である。自

住宅街に乗り上げた船舶（2011年4月）

衛隊による捜索で、この車には遺体はないという印である。

気仙沼の次の駅である鹿折唐桑駅や南気仙沼駅は、もはや駅の面影を残していなかった。

気仙沼市のボランティアセンターは駅から内陸の方へさらに1キロほど行った所にあった。石巻の「賑わい」を見ていた私は、まさたまた拍子抜けしてしまった。まず、テントなどほとんど立っていない。ボランティア宿泊用にモンゴル風のゲルが2棟あったが、車に寝泊りしている人も含めて泊り込みで来ている人は十数人といったところだろう。連日100人単位のボランティアが活動している石巻とはあまりにも規模が違いすぎた。まず、石巻のように大きな団体が入っていない。NPOが「攻め」の復興支援なら、社会福祉協議会のボランティアセンターは「待ち」の支援活動である。この差がここまで激しいとは。

４月中旬から下旬というのは、各自治体のボランティア受け入れ能力差が一番出てしまった時期ではないだろうか。被災状況という抗えない事情があるにせよ、まだボランティアセンターすらろくに立ち上がっていない所だってもちろんあったのだから。

ここではボランティアよりも、むしろ全国の自治体から派遣されてきている薬剤師や看護師などの方々が活動の中心のようだ。いずれにせよ、「しっかりした」センターだなということは感じられた。最初の仕事は地元の人たちによる棺おけ作りだったそうだ。後々知ったが、このセンターを運営しているのはほとんどが兵庫県の人たちだったそうである。阪神大震災のノウハウが、ここでしっかり活かされているのだ。

テントを張ることを許されたのはすぐ隣の公園。ここで、孤独な1週間のテント生活が始まる。

災害ボランティアの形態を例えるなら、ＮＰＯのボランティアは会社員、個人ボランティアは日雇い労働者である。個人ボランティアは早朝センターに行き、その日の仕事をあてがってもらう。ここ気仙沼では、挙手による立候補制であった。「これは無理そうだ」と思ったら手を挙げなくてもいい。ただ、あまり選り好みしていると他の人に取られて仕事がなくなってしまう。どの現場も似たようなものだ。結局は泥出しなのだから。

それでもこの時期に、東京方面から福島、仙台、石巻などあまたの被災地を素通りしてわざわざ気仙沼まで来る人は、やはりその道の達人が多い。少なくとも「恋人探し」に来たようなちゃらんぽらんなやつはいない。住居兼の車の中には玄人好みのアウトドア用品や大工道具がびっしり揃っていたりするのを何度となく見かけた。

それと、ここでは盛岡や青森、秋田など、北東北から来たボランティアが特に多かったのを記憶している。同じ東北人同士、やはり震災を身近に感じている分、特別な意気込みもない。自然体のボランティアが多かったように思う。

縁あって同じ現場の担当となったグループは、スタッフの送迎車に乗って現場へ向かう。気仙沼市内は今まさに桜が満開だ！　だがあの日、木の上に掴まったまま息絶えていた人もいたそうだ。おそらくこの川沿いの桜の木のうちのどれかに違いない。

気仙沼市内を流れる大川と桜（2011年4月）

訪問先はやはり普通のご家庭が多い。この時期になると仕事は誰かの二番手三番手なので、作業は以前に比べれば比較的楽だ。営業を開始したコンビニもちらほらあるので、お昼も多少のものは買える。

気仙沼ボランティアの作業終了は3時。それでも迎えの車を待って、センターで後片付けをして報告をしてなどとやっているうちに5時にはなってしまう。早めに夕食を済ませて就寝の準備をしなくては。

午後6時には市内各地のスピーカーから「遠き山に日は落ちて」のメロディーがこだまする。あと15分もすれば、遠き山に本当に日が落ちる。

暗くなったらやれることは瞑想と睡眠くらいしかない。そそくさと寝袋に潜り、毛布を被る。ついこの間まで人でせめぎ合いながら寝ていたテントに今は一人。暗闇の中で揺れる木の葉の音がさらに夜の孤独を煽る。なかなか寝付けずモジモジしているうちに、瀧廉太郎の「花」が夜9時を告げた。春の～うらら～の～隅田川～、あまり子守唄には相応しくない気がするが……。

朝は5時前には明るくなる。もう春なのだ。寝心地が悪い上に眩しいのですぐに起きてしまう。仮設トイレで用を済ませ、洗い場で顔を洗う。朝6時のメロディーは「恋はみずいろ」。ここから8時半の集合までが、ある意味一番自由な時間かもしれない。こうしてまた一日が始まるのだ。

1週間の滞在を終えて帰る時が来た。こんな公園の木と木の間でも、1週間もいると離れるのが淋しくなるものだ。荷物をいっぱい持って駅までの道を歩いていると、

「乗っていくか?」

と被災者が声を掛けてくれた。ボランティアだと分かったのだろう。町の人もボランティアに助けられていることは承知している。別れの言葉は、「がんばってください」。この言葉の是非は

いろいろと話題になったが、これ以上は言う事もできなかった。

東北新幹線全線開通を間近に控え、一ノ関からは50キロ規制の東北道をバスで仙台へ向かった。東京行きの夜行バスを待つ間、1週間の禁欲を破るべく仙台広瀬通の繁華街に一杯引っ掛けに繰り出す。よく見ると風俗店にまで「がんばれ東北」の公式ノボリが立っていたのはシャレとしてはまずまずの気がするが、こんなご時世なれば業界を問わず奮闘を願いたいものである。

ボランティアの定番作業、物資仕分け

今回の震災では実に多くの、それは驚くほどの救援物資が日本中、いや世界中から集まった。日々活動をしていく中で、救援物資に触れない日はないと言っていい。なにしろ、炊き出しや泥出しをしているそばから次から次へと様々な物品がどこからともなく運ばれてくるのだ。地震発生直後から各自治体の窓口へ、自宅からいろいろな生活物資を届けに行った人も多いだろう。

あの時すべての日本人が「自分にできること」を探していた。無事被災地に辿り着いて山となっている物資を前にすると、失われて久しいとさえ思われがちな日本人の持つ伝統的互助精神、連帯感とでもいうべきものが今日でもちゃんと健在である事が偲ばれて憚らず誇らしい気持ちにさえなる。いや、日本だけではない。世界各国から貴重な物資が昼夜を問わず東北へ向かっていた。

ある日、大型10トントラックが突然やってきてボランティアセンターに横付けされた事があ

った。誰も何の荷物が来たのかさえ分からないまま、トラックの荷台が横に大きく口を開けると、そこにはオイルサーディンの缶詰がぎっしりと並んでいた！　まるで押しかけサンタである。南米ベネズエラからの贈り物であった。

歓喜の声と共にバケツリレーでオイルサーディンは次々と倉庫へ運ばれていき、「グラシアス、アミーゴ！（友よ、ありがとう）」の声に包まれてトラックはベネズエラ国旗を揚々とはためかせながら走り去っていった（次の日の炊き出しメニューには出汁の風味と滋養満点のいわし汁が加わったが、ぶっ通しで数百の缶を缶切りで開け続けた私を含む何名かはしばらく手首の筋肉痛に見舞われることになった……）。

こんな話はそれこそ被災地の至るところで枚挙にいとまがない。そして一つだけ確実に言えるのは、これらの物資があったからこそ、何万人もの被災者が命と生活をつなぐ事ができたという事だ。全てを失った被災者にとっては、頼みの綱は文字通り救援物資しかなかったといっても過言ではない。現代のような物流の発達した時代でなければ、犠牲者は何万人も増えていたに違いないだろう。

さてこれらの支援物資であるが、これだけ多種多様、多岐にわたる品目が全国から寄せられて倉庫や避難所に集積されるわけである。どのような状況になるのかを軽く想像してみてほしい。品目別にきちんと分別、管理して必要なものが随時取り出せる状態にしておかなければ、せっかくの救援物資も粗大ゴミと変わらなくなってしまう事は容易にお分かりいただけるだろう。

これを担当するのが「フロア」「ストア」「倉庫」などと呼び名は場所によって様々であるが、泥出しと並ぶボランティアの最も重要な作業、「物資仕分け」である。職務は押し寄せる膨大な物資を一つ一つチェックして倉庫内の適正な位置に保管、そして日々入り、出て行く物資の在庫管理である。まさに裏方であるが、まさに要の仕事でもある。これが回らなくなってしまったら、支援活動は全く体をなさなくなってしまうだろう。そして、泥出しと同じく人手を要する仕事でもあるが、しっかりとしたリーダーさえいればあとの者は基本的に指示で動けば足りる仕事でもあり、必ずしも重い荷物ばかりではないので女性でも十分できる仕事でもある。なによりも泥出しのようにヘドロで全身泥だらけになるような事もない。よってボランティアに来た人の多くが経験して帰る仕事でもある。

にもかかわらずこの物資仕分け、ボランティアたちの間では人気がない。「裏方」と前述したが、基本的には一日中被災地の最前線からは遠く離れた倉庫内での作業となるので、現場を見る事もなければ被災者の話を聞く事もない。関東圏などから遠くわざわざ東北まで来るボランティアのほとんどは、よほど純粋な奉仕精神の持ち主でないかぎり「被災地の現場を実際に見てみたい」「被災者の生の声を聞いてみたい」という野次馬根性を多かれ少なかれ持ち合わせているものなのだ！　そんな人間はボランティアとして認められないという人もいるかもしれない。しかし、それはボランティア原理主義とでも呼ぶべきものであって、多くの未経験の一般市民が参加する活動に遍《あまね》く受け入れられるものではないと思う。被災地の現実を自分の目で見て、話を聞いて、何かを感じ取る。それが、多くの一般ボランティアにとっての「この国の復興に尽力したという自負」と並ぶ大きな対価なのだ。その対価を得る代わりに、幾ばくかの瓦礫を片付け、被災者の心の隙間を埋め、そして郷里に戻ったのち自らの見聞を広め、さらに大きな支援の輪へとつなげていく。それでいいではないか。

話が少々脇道へ反れたが、物資の話に戻ると改めて世界中から様々な品々が寄せられていることに驚く。まず大切なのは、何といっても食料だ。米、水、缶詰、スナック類、パック飲料などを品目別に、少しでも機能的に分別して積み重ねていく。被災地では無洗米がことのほか珍重された。米を洗うのさえ面倒くさい人間の使う物だと個人的には思っていた物が、水がない場所では何よりありがたかった。世界には水不足の地域がごまんとあるのは頭では分かっていたつもりでも、「水はただ」の日本に住んでいるとやっぱり忘れてしまうものである。そして多いのがやはり即席カップ麺。食料は賞味期限という問題があるため期限の近いものからまとめて出せるようにしておくのだが、ここでの一番の難儀は実は韓国からの救援品である。ハングルが読めないので賞味期限が分からないからだ。

中国製品は大体見当がつくのだが、ハングルだと全く太刀打ちできない。否応なく少しでも早く食べてもらうか、ボランティアの小腹補充用に回る場合が多い。その上、被災者にとっても風味の見当が付かないばかりか、往々にして涙が出るほどの激辛であることが多いので何とも扱いにくい。危機に至って頂戴したものに注文をつけるのは論外ではあるものの、救援物資の筆頭格であるがゆえに在庫も豊富で、早々に量より質が求められてしまった品目の一つであるように思う。

トイレットペーパーやティッシュ、おむつや生理用品などの日用品も重要だ。石鹸などの体を清潔に保つための品は避難所の衛生上欠かせない。東北は4月でもまだまだ寒いため、携帯カイロが大量に必要になった。鍋やカセットコンロなどの調理器具も一世帯一避難所に一つは必要だし、復旧作業に必要な長靴や軍手、スコップなどの道具も必要になる。災害情報を得るためのラジオや懐中電灯など単価の比較的高い物も救援物資の中にはある。当然被災者同士の「奪い合い」のような事にならぬよう配慮しなくてはならない。

乾電池などは需要が多いだけでなく東京などでは震災後は買うのも困難であったため、被災地でも希少な時期が続いた。また、震災から一月二月《ひとつきふたつき》と経過するごとに、本やおもちゃ、DVDなどといった避難生活を少しでも快適にするための物資が増えていった。援助の重点が命を生き長らえる事から生活を改善する事に変化するにつれて、救援物資倉庫の中身も変わっていったのである。

何より一番のボランティア泣かせは衣類であろう。まずは当然、シャツ、ズボン、スカート、セーター、ジャンパー、下着、帽子、靴下等々と種類別に分類したあと、さらに男物、女物、年配者用、若者用、子供用、冬物、春物、夏物……と機能別に分けていかなくてはならない。その上で、最後にそれぞれをサイズ別にまとめていく……と気の遠くなるような細分化作業をしておかなければ「使える」状態にならないのである。

もちろん、全て一つ一つを手にとっての作業になる。ズボンなのかスカートなのかは見れば分かるが、階層が下になればなるほどぱっと見ただけでは判別の難しいもの、例えば冬物なのか春物なのか、男物なのか女物なのか分からないなどといったことが出てくる。さらにサイズとなるとサイズ表示のタグを探すのに襟の裏をめくったりウエスト周りを探したりポケットをまさぐったり、大の男が女性用の衣類を上から下から眺め回している様は異様でもあり、どこか滑稽でもある。散々探した挙句表示がないこともあるし、やっと見つけたと思ったら外国製品で、「インチかよ！」と舌打ちしながら壁に貼ってある度量衡換算表を確認しにいったりと大変な時間と手間が掛かるのだ。

無意味な例えかもしれないが、カップ麺に例えるならまずラーメンなのか、ヤキソバなのか、うどんソバなのかを分けて、さらに味噌味・しょうゆ味・塩味に分けて、さらに銘柄別に分けていく……そんな作業が衣類には必要なのだ。子供服に至ってはさらに大変で、男女の区別がつきにくいだけでなく、大人物ならS・M・Lで済む物でも5センチ刻みくらいで様々なサイズがあったりする……。

物資仕分けの作業現場では被災者と接することがない代わりに、逆に支援者の真情あふれる心遣いにしばしば触れることがある。自ら被災地に行くことも叶わず、あふれる人道精神のやり場のない同胞たちは自分の送る僅かな物品にその熱い思いを託すからだ。多くの支援物資が、支援者たちの熱いメッセージを一緒に運んでくる。ある時はダンボール箱を包む大きな寄せ書きで、またある時は品物に縫い付けたメッセージカードとして。

「袖に可愛い小花をししゅうしてみました。気に入ってくれるとうれしいです。75才のおばあさんよりプレゼント」

「被災地のかたへ　今たいへんなめにあってるとおもうのでへやの中をこれでそうじしてください」（小4）

「わたしの家は流されちゃったけど、命あることが幸せです。頑張れ日本」

「がんばれニッポポポポポーン！」

「被災地の皆さんに何か少しでも力になれるように遠く離れた沖縄からも応援していますので希望を持って一緒に頑張りましょう！　つらいことがあった分、必ず幸せもやってきます。だからぜったいに諦《あきら》めないでください！　今日本がひとつになろうとしています！　もとの生

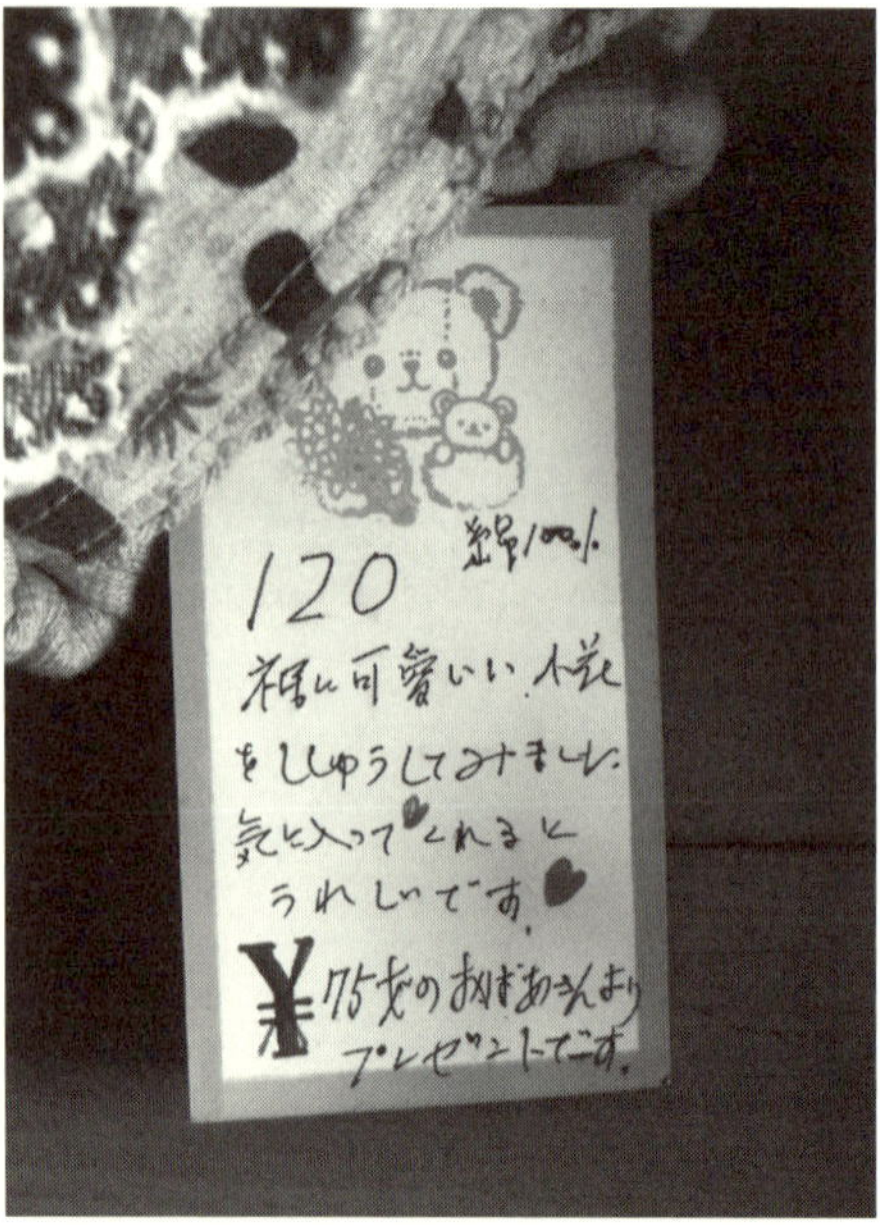

活にもどれる日が早く来るように沖縄からも全力でサポートしていきたいと思います。頑張れ日本。チバリヨー」

もちろん海外からも、

「日本加油！」（シンガポールより、がんばれの意）

「台湾と日本は一心同体である」

支援物資倉庫は世界中の応援メッセージの待機所でもある。

死者増加の一因となった被災者の「慣れ」

ご記憶の方も多いと思うが、今回の震災ではその「前兆」とも受け取れる前震が幾度かあった。もちろん本震には規模、震度ともに及ばないものの、広範囲にわたって大きな揺れを観測している。悪夢の始まりだったといって良いかもしれない。

私は被災地で「調査」をしたわけではないし、「統計」を採ったわけでもない。しかし、本震の発生から津波到達までは数十分のブランクがあった。もし、もっと徹底した避難行動がとれていれば、2万人近くの死者を出すようなことはなかったのではないかという疑問はあった。現にインターネットに投稿されている津波の映像では、波に追われるようにして逃げる人と、既に高台に登り下に向かって避難を呼びかける人たちが映っている。この避難の時間的な差が生まれた原因は様々であろうが、その後現地で見聞きしたことから浮かび上がった事実を少しお話できればと思う。

3月9日午前11時45分、三陸沖（牡鹿半島の東、約160キロ付近）を震源とするマグニチュード7・3の地震が発生、最大震度は宮城県栗原市、登米市、美里町で震度5弱を観測したほか東北の広い範囲で震度3〜4を観測した。この地震により青森県太平洋沿岸、岩手県、宮城県、福島県に津波注意報が発令されている。続いて3月10日6時24分、三陸沖（牡鹿半島の東、約130キロ付近）を震源としてマグニチュード6・8の地震が発生、宮城県栗原市、丸森町、石巻市で震度4を観測したほか、東北地方を中心に震度3の揺れがあった。この地震では福島県に津波注意報が発令されている。ちなみに本震の震源地も同じく三陸沖（牡鹿半島の東南東、約130キロ付近）である。この3月9日を境に、微弱なものも含めると多くの地震が発生している。

東北の三陸海岸沿いでは当然のことながら過去にも幾度となく津波警報、注意報が発令されている。昭和35年のチリ地震の時には最大で6メートルの津波が襲来して死者も出ているし、さらにさかのぼれば昭和8年の昭和三陸地震では、最大28メートルの津波により3千人を超える死者、明治29年の明治三陸地震では最大38メートルもの津波が押し寄せ、2万人を超える死者を出した。現地ではそれぞれの大津波の到達レベルを示す指標を、今でもあちこちの電柱などに発見することができる（今回の津波で流されてしまった物も多いが）。

明治の時には、実際の揺れは震度2から3程度のものであったにもかかわらずこれだけの被害を出しているし、そういった過去の記憶が脈々と受け継がれている地元の人の津波に対する防災意識は、都会や内陸部の人に比べると相当に高い。

ではなぜ、逃げ遅れた人が多くいたのか。まず浮かび上がるのは、「逃げなかった」人がやはり実際に多くいたという事である。9日の地震で発令された津波注意報では、実際に三陸沿いの広い地域で津波を観測したが、その高さはいずれも数十センチ程度にとどまっていた。10日の地震では福島県に津波注意報が出されたが、1時間ほどで解除になり、津波は来ていない。どちらも結果的に避難する必要はなかったし、「逃げ損」もあっただろう。特に腰の重たいお年寄りが避難を諦《あきら》めたり、現実にそう機敏には動けなかったという事もあったにせよ、11日の本震の警報では「またか……」という慣れが多くの人にあった事は否めないようだ。人間は誰しも自分に大災害が降りかかるとは思いたくないし、大抵思っていない。「多分大丈夫だろう」と思いたくなる気持ちが今回は仇となってしまったのであれば、大変に残念なことである。

逃げなかったもう一つの大きな理由に、「津波はここまでは来ない」という過信があった。過去の大津波の経験から、ある程度津波被害の想定範囲というものが当然あり、この範囲内に住む人と範囲外の人とでは意識の差に大きな開きがあったものと思われる。海岸近くに住む人は一目散に逃げるが、奥のほうに住む人は大抵そこまでの危機感は持たないか、逃げる事まではしない。

しかも現実に三陸の道路には、「津波浸水想定区域ここまで」という大きな道路標識がいくつも立てられている（次頁）。想定区域内の人の意識を高めることには貢献したであろうが、これでは逆に「ここから上（奥）は安全」と宣言してしまっているようなものだ。そして今回の震災では、この想定区域の道路標識を遥かに越えて津波が押し寄せている。聞くところによると、実際の犠牲者は海に一番近いエリアよりも、こうした比較的内陸部に多かったのだ。

加えてもう一つ見過ごせない理由がある。「逃げてから戻った」というものだ。一旦は高地に避難したものの、大切な物を取りに、または家に残した家族やペットを迎えに家に戻ってしまって津波に巻き込まれて亡くなったという話が被災地ではことのほか多い。津波の規模、到達時間、エリア、誤信の内訳は様々であろうが、ここでも9日や10日の記憶が判断を誤らせた事があったに違いない。沿岸への津波の到達から町を呑み込むまでに僅か数分、家に戻った人が津波の到来を知ったときにはすでにもう手遅れ

津波浸水想定区域「ここまで」の標識（陸前高田）

だったはずだ。

現在気象庁では今回の経験を教訓に、津波警報の改善が検討されている。確かに「津波第一波波高０・２メートル」という発表は正しいのかもしれないが、果たして正しかったのか。また、予想される津波の高さに対する表現（例えば「巨大」「東日本大震災級」等の文言）等、様々な項目が検討されている。津波警報時と津波注意報時の対象の違いは何か。明確に答えられる人は少ないのではないか（注意報は海中もしくは海岸付近にいる人への警鐘、警報は陸域の人に対象が拡大される）。

しかしいくら警報システムが発達したところで完全に正確な予測などできるはずがない。できない以上、警報というものは安全サイドに立って発令せざるを得ないという事だ。つまり、警報が結果的に「オオカミ少年」になりがちなのは宿命と言ってもいいのである。それに、災害時に自分が常に警報を見聞きできる状態にあるとは限らない。「自らの判断」で高台に避難することが原則である事に変わりはない。

不幸にして亡くなられた方々の原因をここで論うのは私にとっても不本意、不徳の至りであるし、正確な分析をするのは私の役割ではないのももちろんである。また、防災の心得を述べるような立場、見識、経験、いずれも持ち合わせていないのも重々承知である。

それでも言いたい事は、これだけ防災意識の高い地域でもやはり心のどこかにはいつのまにか「慢心」が生まれ、現実的に被害を拡大させたという事、そして我々はそれを教訓として認識し、今後起こるであろう東海、南海地震などにむけて忘れるべきではないであろうという事である。

避難所への「ゲリラバザー」作戦！

ゴールデンウィークがやってきた。平成23年は最大10連休、並びは良い方だ。すでに、報道では被災地におけるボランティアの活躍が連日のように紹介されており、震災ボランティアへの世間の関心はピークに達していた。ピークとゴールデンウィークが重なったのだ。

混乱は十分に予想された。ボランティアの車が被災地へ殺到し、大渋滞が発生する事が何より懸念された。そうなれば緊急車両を含めて通常の復旧活動に支障が出るのは明白だ。そして中には、被災地へ「物見遊山」に来る人も少なからずいる。車のナンバーや服装、雰囲気を見れば被災地では一目瞭然だ。瓦礫の写真をパシャパシャ撮りながら、車で走り去って行く。こういう人が被災者の感情を著しく害す事は言うまでもない。私が被災者だったら、車に石でもぶつけるかもしれない。私も初めて被災地に行くと言った時は、この類の目的だろうと揶揄された事もあった。悲しい事だが、これが被災地とそれ以外の土地の現実的な「温度差」である。

こういった混乱を未然に防止するため、苦渋の選択ではあろうけれども、石巻や気仙沼などの大口ボランティアセンターがゴールデンウィーク期間中のボランティア受け入れ中止を早々と打ち出していた。一番人手が確保できそうな時に、みすみすそれを放棄せざるを得なかったのである。

だからといって私のような経験者が、この連休のチャンスに支援をあきらめて中止するわけにはいかない。これまでの経験から、私は被災地での物資配分の不均衡や流通の手薄さを直感していた。すでに関東では小口での支援物資は受け付けていない自治体がほとんどだったが、それは決して現地の物資が満ち足りているからというわけではなく、物資を置く場所、仕分ける人、運ぶ人が全然足りていないからというのが、自分なりの所感であった。

そこで、物資を関東から被災地の避難所に直接運び、「ゲリラバザー」を敢行する事を決めた。ターゲットは、津波の被害がはなはだ甚大だった陸前高田、大船渡辺りの、見落とされがちな小規模避難所（概ね避難者数30名以下）である。大規模避難所には、物資は十分あるのは分かっていたからだ。

私は二人の親友の協力を仰いだ。先に登場した、吉丸と入江である。快く承諾してくれた二人は、会社員時代の同僚でもあり、震災の半年ほど前に行ったアメリカ横断旅行でテントを共にした仲間でもある。長時間の車の運転も意に介さないし、テント生活も抵抗がない。ちなみにテントもその時買った物なので、組み立ても慣れている。

出発に先立ち、まずは肝心の物資を集めなくてはならない。友人、知人や親戚から募ったり、自分たちで買ったりした物資は計約３００点、以下の通りである。

＊食品　栄養ドリンク30本、どらやき10個、タマゴボーロ３袋、プリン12個、ホールトマト缶詰24缶、オレンジ５個、バナナ・桃の缶詰31缶、サイダー10缶、野菜ジュース30パック、ノンアルコールビール24缶、緑茶ティーバック３袋、梅干し８箱、のど飴10袋

＊**日用品**　ティッシュ20箱、化粧用コットン16箱、ゴキブリハウス5箱、ジグゾーパズル3個、紙コップ10個パック、アルミホイル3個、紙皿10皿パック、除湿剤15個、ラップ3個、乾電池10個、本10冊、綿棒10箱、キャットフード3缶、ドッグフード2袋、ヘルメット2つ

　商用バンのレンタカーを借りて、一路岩手県、陸前高田の町へ向かった。渋滞を避けるため、運転を交替しながら夜を徹して東北道を下った。次の朝、我々が見た陸前高田の町並みは、凄惨な光景であった。津波の破壊力は気仙沼と同じだとしても、こちらは町一つが丸々と呑み込まれてしまっている。海岸近くにあった団地が、津波の高さを如実に物語っていた。4階まで津波が来たのである。

4階まで浸水して波にさらわれた建物（陸前高田、2011年5月）

津波は他の地域と同様に、海岸から数キロの所まで押し寄せていた。津波の最深到達地点（の一つ）は、段々畑であった。一つの段が、畑の運命を真っ二つに裂いていた。ここから見る陸前高田の町には言葉もない。かつては、海など到底見えなかったはずなのだから。初めて見る被災地の惨状に吉丸も入江も「これはひどい……」というのが精一杯だった。

一つの段が運命の境界線に（陸前高田、2011年５月）

最初に向かったのは、とあるお寺である。現在は避難所として使われていて、資料では十数名が避難していることになっている。着いてみると、一人の男性が火に薪をくべていた。

「東京から生活物資をいろいろ運んできたんですが、不足している物はありませんか」

控えめに、慎重に声を掛けたつもりだった。だが、返ってきたのは耳を疑うような言葉だった。

「足りないのは電気ガス水道と、若い女だけ」

陸からは見えなかった海が（陸前高田、2011年５月）

取り付く島もなかった。まあ、こういうこともあるさと気を取り直して次の避難所へ向かう。小さな公民館だ。2番バッター吉丸が声を掛ける。大学を卒業してから営業一筋、筋金入りの営業マンである。だが、なかなか交渉が成立しないようだ。そもそも、物資を届けに来たのになぜ「交渉」が必要なのか。吉丸が戻ってきた。どうやら交渉成立らしい。だが、どう見ても「欲しい」という感じではない。仕方なく貰ってあげるといった様子である。私の予想では、かなり喜ばれるだろうと思っていた。だからこそ、来たのである。いったいどういう事なのだろう……。

完全に失敗ムードが蔓延した我々三人は、もう、次のところで全部福袋にして渡してしまおうという勢いにまでなった。その日、7～8箇所の避難所を回って、物資を渡せたのは吉丸の1軒だけであった。

「ここは間に合ってますので……」

そう言って断られる。雰囲気的に首尾良く回っていそうな避難所では、声をかける気すら起きなかった。意気消沈したまま、夕暮れを迎える事になった。

陸前高田で泊まるつもりでいたが、安心してテントを張れそうな場所は全くない。少し戻って、気仙沼の津波を免れた安全な所で一夜を明かす事にした。「来なきゃ良かった」と思っているはずだが、口には出さない吉丸と入江に申し訳がなかった。

次の日もトラブルで幕を開けた。朝5時半、パトカーが怪しいテントと車を見逃すはずはない。明らかに、我々の周りを周回している。こういう警察官の苦労が、被災地を火事場泥棒から守っているのだ。しかし、今は自分たちに疑いの目が向けられている、なんとかやり過ごさなくては。やがてパトカーが完全に我々の車に横付けして停車した。パトカーの中から警察官がじっとこちらを睨んでいる。2秒ほど、目が合った。職質を覚悟した。しかし、そのままパトカーは走り去っていった。我々の人相が悪人には見えなかったか、車のサイドにA4の紙3枚で貼った、手書きの「支援」「物資」「運搬車」の表示が功を奏したかのどちらかだろう。

この日は陸前高田を過ぎて、大船渡を目指した。途中、瓦礫の中に佇む鯉のぼりを見た。もうすぐ子供の日だ。

最初にお伺いしたのは大船渡市の小さな公民館。お母さんが一人で掃除をしている。

「え？　本当にもらっていいんですか！」

かなり反応がいい。あれも欲しい、これも欲しいと喜んでもらってくれた。こういう事もあると、前日とは逆の意味で思った。大船渡市といっても、もちろん市街部だけが被災地ではない。複雑なリアス式の海岸線沿いに大小合わせれば無数の半島があり、各地に集落が点在している。その、全てが被災地である。さらに車を進め、別の集落の公民館を目指す。

「いや〜なくて困ってたんですよ〜、ほんと助かります！」

またしても大歓迎だ。男性が多いので栄養ドリンクが特に好評だった。保存食用のトマトの缶詰と、意外に梅干が人気だった。これから梅雨を迎える。除湿剤とゴキブリハウスも分けてもらえないかと遠慮がちに言われてしまった。

どうやら前日とは全く状況が違うようだ。やはり場所によって物量が全然違うのだ！　吉丸と入江の士気も上がってきたようだ。勢い、大船渡の市街を目指す。

大船渡の市街地は、陸前高田とは被災状況がやや異なる。港周辺の多くの地域が壊滅的な被害を受けたものの、一方で一つ先の盛駅を中心とした内陸部は津波の被害を免れ、市民生活が維持されている。この辺りの避難所は、さすがに物資はあるだろうと思ったが、結果は逆だった。

「こりゃありがたい」といろいろもらってくださった。もはや疑う余地はない。この町では物資が不足している！

市街を離れさらに北上、大船渡市三陸町へ向かう。平成13年に大船渡市に編入される前は別の自治体だったところだ。新聞やテレビで地名を聞く事もほとんどないが、甚大な被害を受けている。町の中心部に残された僅かばかりの品の中から、思い出の品を探す被災者が目に焼きついている。被災地を見つめる犬のぬいぐるみが、ひと際悲しみを誘った。

ここでは更なる感謝をもらった。この時点で、３００点の物資は大方なくなってしまった。もはやもらい手はいないなと諦《あきら》めていたヘルメットを、入江がだめもとで売り込んだ。

「どうしてもなくて、東京の親戚に送ってもらおうと思ってたところだったのよ！」

神さまの導き合わせかもしれない。結局この日、10箇所近くの避難所を回って、全ての所で物資を喜んで受け取ってもらう事が出来た。その夜は、近くの道の駅にテントを張って夜を明かした。昨日よりは、ノンアルコールビールが旨い。

三陸町越喜来（おきらい）にて（2011年5月）

翌日さらに北上して釜石に至り、300点の物資は全て被災者のもとに届いた。渋滞の東北道を上り、東京に着いたのは夜半過ぎであった。

我々が見た、支援物資偏りの要因はいろいろあるだろう。しかし今回回った避難所は、全て行政の資料に載っている行政指定の避難所である。その中でもこれだけの温度差があるのだ。しかし、さらにもっと欠乏している場所がある事を私が知る事になったのは、ずっと後になってからである。

子供と遊ぶのも仕事のうち

震災から2ヶ月も経つ頃には避難所の様子もだいぶ変わってきたように思う。確かに「避難」所なのであるが、これだけ期間が長くなると、普通の生活の場としての意義の方がより重要になってくる。

食べたり、遊んだり、運動したり、危険から身を守るための場所から、より快適な生活を送るための場所に変わっていかなければならない。ボランティアの仕事も、それに伴って変えていかなければならない。特に育ちざかりの子供たちは、窮屈な避難所の中に閉じ込めておいては健康にも精神的にもよくない。外でのびのびと遊ばせてあげた方がいい。とはいえここは被災地、まだまだ子供たちがどこでも遊び回れるような状況ではない。ボランティアが子供たちの面倒を看てあげることが、大人たちの助けになり、ひいては復興支援に繋がるのだ。

こういう生活支援の仕事が増えるにつれて、初めて「私にもできそう」と多くの女性ボランティアが被災地を目指すきっかけにもなったように思える。ボランティアの裾野が拡がったのだ。


5月中旬、我々が向かった避難所はとある学校である。体育館で多くの人がまだ避難生活を送っている。体育館脇にある「遊び場」には、リカちゃんハウス（もちろん人形も）やおままごとセットからバットやボール、縄跳びまで一通り揃っている。女性にも来てもらってよかった。子供たちも時間になると大人が遊んでくれると知っているようだ。人見知りしない子供たちが駆け寄ってくる、と思ったが、どうやらお目当てはおねえさんのようだ……（泣笑）。

だが半日もする頃には少しずつ仲間に入れてもらえるようになった。本物の「アメ」を使ったのと、ケンダマがほんのちょっと上手かったからだ。とにかく子供たちはこんな時でもよく遊ぶ。自転車で近くを回ったり、かくれんぼしたり、水鉄砲で撃ち合ったり、ついて行く大人の方が大変だ。

ここに来る前、もしかしたら子供たちは長い避難生活ですっかり元気がなくなって、居たたまれないような状況になっているのではという一抹の不安もあったが、とりあえずは杞憂でよかった。でも、そういう子供もいないとは限らない。当たり前のことだが、一日も早い復興が子供たちのためにも大事だ。

そして一日の中で、子供たちから地震の話や、避難所生活の苦しみとか、不平不満など、ついに一言も聞く事がなかった。たまには美味しいものも食べたいだろうにと思うと子供たちの健気さには救われる思いがした。

復興市で募金お願いしまーす

5月29日、雨の南三陸町志津川で「復興市」が催された。志津川の町内と志津川湾を大きく俯瞰する高台にある中学校で、今日一日だけはお祭りである！　もちろん単にお祭り騒ぎをしたくて開催するのではない。全国各地から集まった出店者の方々に各地の特産品を販売していただき、遊びに来てもらった見学者の方々に大いにお金を落としていただいて、町の経済復興に寄与するのが最大の目的である。

ここ志津川の被害は甚大だ。町一つがそっくり無くなってしまった。町のほとんどが海抜ゼロメートル地帯、インターネットに投稿された動画を見ると、到来した津波は僅か5分足らずでこの町を呑み尽くしている。民家がサイコロのように波間を転がり、スーパーの屋根のシンボルマークが、屋根ごと桃太郎の桃のように流されている。この荒れ狂う津波の中に、いったいどれだけの人が巻き込まれているのか。

あれから2ヶ月余り、この高台から見る志津川の町はなんとも形容のしようがない。瓦礫の中をダンプカーがせわしなく走り過ぎていく。

そんな南三陸に、今日は朝から次々と車が集まってきた。高台から眺めると、いつもはダンプカーが多く通る町内の中心道路は、今

高台から望む南三陸町志津川の町（2011年5月）

日はバスやマイカーが列をなしている。会場へ登る道は、早くも大混雑で車が動けない状態だ！

　校門が復興市のゲートである。バスを降りたお客さんたちは思い思いの方向へ会場内を歩き出す。会場中央には特設ステージが設けられ、地元のバンドやゲストライブなどが一日中行われる事になっている。テント屋根が付いているのである程度は大丈夫だと思われるが、やはり雨が影響しないか心配だ。ステージを囲むように特産品のお店が並び、運動場にもたくさんのお店が出る。お祭りにはお馴染みのヤキソバや焼き鳥などの店もあるが、もちろんいわゆる的屋ではなく、各地から町の復興のために集まってくれた会社の方々である。雨のためグラウンドにはブルーシートが敷かれ、思うように歩けないのが口惜しい。

　志津川は日本有数の蛸《たこ》の産地である。それにちなんで会場内の通貨は「タコ」。1円が1タコで、来場者はまるで海外旅行のように、受付で円をタコに換えて買い物に臨むのだ。目玉商品は中古の自転車。なんと1台５００タコ！　十数台あったのが、開始からほどなくして完売になったようだった。

　この復興市、多くはボランティアの手作りである。私も前日、町内のあちこちに「復興市」のノボリを立て、夜はテントで夜鍋して「トイレはこちら」「空き缶」「ペットボトル」などの看板をいくつも作った。当日我々ボランティアはいくつもの係に分かれて会場運営をサポートした。駐車場誘導係、会場内誘導係、本部案内係など必要な役目はいくつもあって常に人手不足なくらいだった。

この日の私のお役目は募金係りである（とはいっても志願したのだが）。震災発生以来、全国各地で学生などが寒い中を立ち並び、寄付を募る姿が随所に見受けられた。感心はするものの、募金を求められる方としては毎回ちょっと戸惑ってしまうのは誰でも同じことだろう。全く募金をする気がない時は、それはそれで気まずいし、「たった今あそこで募金したばっかりだよ」って時だってある。そんな時は女学生の刺すような目線が痛い。逆に、一念発起して列の方にアプローチを開始すると、今度は「私を選んで！」という眼光線に晒される。どうして10円や100円のことで、こんなにハラハラと神経をすり減らさなければいけないのかと思ってしまうくらいだ。

では実際、若い女性と男性が並んでいたら多くの人はどちらの箱に入れるのだろうか。駅で見かける募金の列に、若い女性が多いと思うのは勘違いではあるまい。そんな命題に挑戦してみたいという探究心も少々持ち合わせながら、もちろん集めたお金は全額南三陸町の復興支援のために役立てていただく事になる。

「南三陸町の復興募金にご協力お願いしまーす！」

この言葉を最初に発するのは、予想通りかなりの勇気が要った。見ているのとやるのとでは大違いである。私もパートナーの女性も、吹っ切れるまでにそれなりの時間がかかった。まず大勢の人に向かって大きな声を出すのも抵抗があるし、その上募金をしてくださいというのは、恥ずかしい事ではないけれど、言うのは結構恥ずかしいものだ。しかし、続けているうちに慣れて

雨の振る中、盛り上がる復興市会場（2011 年５月）

くる。

そうなる頃には、なぜか自分も南三陸町の一員であるような気がしてくる。自分の行動に自分の内心を合わせようという作用が働くのかもしれない。人は誰でも言っている事と本心がずれているのは快くないのだから。小学生の時によく使った赤い体育帽子を被り、募金箱を胸にぶら下げて会場内を練り歩く。募金箱は透明で中が丸見えなので初めに自分の千円札をサクラとして入れておこう。

しばらく続けてみるものの、どうも結果が思わしくない。なぜかとよくよく考えてみれば、確かに街中でも募金集めの人たちはじっと立ったまま動かない。寄付をしてくれる人には、来る時に募金の存在を見つけて、帰りにお金を入れていこうと考えている人も少なくない。そしていざお金を入れる段になると、募金箱に向かって歩き出してから手が届くまでの間合いを、瞬時のうちに無意識下に計算している。こちらが動いたらだめなのだ。

そして声はほどほどに。あまりがなり立ててしまったら逆効果だ。募金箱に手が届くまで決して目を合わせてはいけない。目が合ったら、募金者は萎縮して募金を止めてしまう事もある。財布の中に目をやったり、金額を問うような目線はもちろん論外だ。終わったら、「ありがとうございました！」と笑顔でお礼を言う。

場所選びも大切だ。できるだけ多くの人が通り、できるだけ自然なタイミングで募金しやすい場所を選ばなくてはならない。私たちが選んだのは、ゲートの出口でこれから帰る人の方を向いて立ちはだかる方法だ。買い物に夢中になっている人に募金をしてもらうのは難しいし、いざ帰る時というのが心理的に一番自然な感じがする。狙いは当たった。先ほどとは打って変わって、面白いように募金が集まりだした！

しばらくすると、会場の特設ステージでは地元ブラスバンドの演奏が始まった。女性ボランティアたちも飛び入りで参加して随分楽しそうだ。募金額の集計結果は、ほぼ分かっていたとは言え、私の完敗だった。むしろ、予想外の結果が出なくて良かったかもしれない。

本気で何か、誰かのために奉仕したいと思い立ったなら、まず人前での募金をしてみる事をオススメする。声を上げ、恥ずかしさを忍んで、その人のために一心不乱に身を捧げてみれば、一日が終わる頃には身も心も完全に迷いが吹っ切れていること請け合いである。

悲喜こもごも仮設住宅抽選日

その日は初めての、待ちに待ったというべきか、仮設住宅の抽選日だった。既に避難所の奥には新築の仮設住宅がずらりとならんで入居を待っている。抽選日とはいっても福引のように目の前でガラポンから赤玉が出てくるわけでもなければ、箱の中から三角くじを引くわけでもない。既に希望者は予め役所に世帯人数の内訳や現況、住宅の希望条件などを伝えていて、その中から当選した人だけが仮設住宅へ移れる。今日はその当選者の発表日だ。

抽選ではあるけれども、実際には優先枠というものがあり、条件に当てはまる世帯は優遇される。条件とは、自治体によって多少の違いはあるが、乳幼児、高齢者、障害者などだ。完全平等な抽選というのも一理あるかもしれないが、福祉的な観点から優先枠を設けるのもまた道理と言えるだろう。ハンディキャップのある人にとっては、避難所生活は健常者よりもさらに一層の不便を強いられるからだ。

さらに地縁を重んじる土地柄、近隣のコミュニティーの維持が配慮されるという事もある。東京など大都市の人には想像しにくいかもしれないが、仮設に入ったらお隣さんは全く知らない人というのは難しいのだ。ご近所さんはご近所さん同士、一緒に仮設住宅に移らないと上手くいかないのである。

そういった様々な条件がゆえに、抽選ではありながら逆に「うちは大丈夫だろう」というような皮算用が被災者の中に出てくることだってあるし、とはいえ現実には、限りある仮設住宅の割り振りに全員の希望を反映させることは不可能である。

すでに震災から2ヶ月ほどが経過しており、被災者たちのプライバシーのない不自由な生活は限界に達している。目の前にある仮説住宅に一刻も早く移りたいという願いは切実なはずだ。この気持ちは部外者に分かるようなものではないだろう。

そしてその日、私の訪れていた避難所で第1回の当選者が発表されていた。ちなみに、この時の当選確率はだいたい二分の一くらいだったらしい。当選した人は嬉しい反面、外れた人に申し訳ない気持ちが生まれるし、逆に外れた人は、悔しさから当選者を羨む気持ちが生まれる。皆同じ被災者仲間なのだから、大学の合格発表のような騒々しい光景はもちろんない。皆粛々と結果を受け止める。だから私のような部外者には、一見何があったのかも分からない。

私が「出来事」に気がついたのは、どうしても結果を粛々と受け入れられなかったと見られる一人の女性がいたからだ。どうやら一人暮らしのようだ。年齢も70は超えているだろう。すでに全身に避難所生活の消耗感が漂っている。年齢の事もあるし、やはり「皮算用」をしていたのだろうか……。

彼女は出会う人に手当たり次第と言っていいほど抽選の結果を聞いていた。まるで、自身の落選の妥当性を問うための証拠集めのようにも見えた。どうしても結果に納得がいかないらしい。だが、たとえ証拠が揃ったとしても、彼女は納得はできないであろう。2ヶ月の避難生活の労苦から少しでも解放されたいという気持ちに理屈の入り込む余地などないはずだから。

彼女は近くにあったベンチの一つに腰掛け、

「何であたしがだめなのさ……」

とぽつりこぼした。やはり、皮算用をしていたようだ。彼女は誰にともなく自身の窮状を訴え始めた。体の事、病気の事、今までの境遇……。誰だって早く仮設住宅に入りたい。誰にだってそれぞれの理由がある。だが結果は結果で仕方がない。それを分かっているからこそ皆多くは口に出さない。この重苦しい空気を彼女がさらに重くするのを、多くの人はやるせない表情で見つめていた。

もしかしたらここでボランティアが、話し相手になってあげるべきなのかもしれないと思った。だが、私にはできなかった。いくら「そうですよねえ」と繰り返して話を聞いてあげたところで、所詮部外者、彼女にとっても虚しい言葉にしかならないのが分かるような気がしたからである。

彼女の目はすでに涙で真っ赤だ。もう、神も仏もないといった様子で、ぐったりと肩を落としている。本当に、どうしてもやりきれないという気持ちが否応なく伝わってくる。

私と話をしていた壮年の男性が彼女から不意に結果を聞かれて、「うちもだめだったよ」と答えた。何事もないような顔をしていたから、てっきり当選したのだろうと思っていた。この人は幼い子供に年配の親も一緒とのこと。こちらの方が客観的にはずっと大変そうな気もする……。文句を言っても始まらない。どんな試練も甘んじて受けるが、必ず乗り越える。時折見せる笑顔に、そんな決意が宿っているようにも見えた。そしてまた、幼い子供と一緒に避難所の「自室」へと戻っていく。

被災地という極限の状況であるがゆえに、運命や偶然を受け入れる人間模様もまた様々である。費用や用地確保の問題など課題は山積だが、被災者全員がいずれは仮設に移れる目途は立ちそうだという事ではあった。とは言え、「先が見えない」ということが何よりも被災者を苦しめていた時期だったと思う。

「いつまでこの生活が続くんだ……」

ふと気付くと、被災者からこの言葉がこぼれるのである。

テント村に低気圧襲来

あの日、5月の末、東北は広範囲でぐずついた天気が続いていた。当たり前だがテントは雨に弱い。風が吹いて嵐ともなると、よほど丈夫なテントでないかぎり中は大変な事になる。私のいたテント村には宿泊用のテントが5～6基、あとは食料などの荷物用テントが一つ、それから食材を調理する屋外キッチン、本部プレハブが一つあった。

もちろん、多少の雨風ならこれまでもあった。地面に雨水が浸透して濡れてくると、テントの床（といってもシート1枚だが）がジワッーと濡れてきて、何とも不快な感じになる。そうでなくても、夜テントに風雨が当たってテントが揺らめくのは何とも不安な気持ちにさせるのだ。

次の日の予報も大雨である。つい先日、東日本も記録的な早さで入梅し、雨が続いていた。しかも前日、沖縄諸島や九州で暴れまわった台風2号が温帯低気圧に変化、そのまま日本列島をなめるように東へ移動してきているそうだ。温帯低気圧といっても元は台風であるし、要は台風が来たのと同じ事であろう。

夜にはその低気圧が猛威を奮い出した。少しでも水気を避けられればと床に敷いた毛布はあっという間に大量の水分を含んで、「ない方がマシ」になった。いくらアウトドア用品といえども所詮はテント、大雨に晒されれば雨漏りも1箇所や2箇所ではない。ここはテント村で一番広い八人用のテントなので、宿泊兼リビングのような所になっていた。いわゆる「飲み部屋」だ。それゆえに大量の事務用品なども置かれている。プリンターや電話機が水に濡れ出した。少しでも高い所に置いて水没を防がなければならない。天井には電球をぶら下げている。配線に水が入り込んだらショートを起こすかもしれない。雨は強くなっていく一方、雨漏りはテント全体に広がりだした。テントが飛ばないように四隅に置いていた各自の荷物ももうぐちゃぐちゃである。

「もう、だめだ……」

私はプレハブに避難して一夜を明かすことにした。

翌日、暴風雨はピークに達していた。具体的な数値は分からないが、傘などさして歩こうものならあっという間に「おちょこ」にされてしまうほどの強さだ。それでも、我々には休めない仕事がいくつもあった。それに、屋内での仕事なら暴風雨は休む理由にはならない。結局、テント村には私とF氏を残して皆それぞれの現場へ向かって行ってしまった。F氏はその朝は完全に崩壊したテントの中で寝ていたのを発見（救助？）された強者である。我々に課せられた任務は、「テントをよろしく頼む」それだけだ。今回は完全に損な役回りを引いた……。

まずはとにかくテントが飛ばされないようにしなければならない。一般的なテントは長さ20センチ程度の杭を地面に打ち込んであるだけだ。大雨で地盤が緩めばスルッと抜けてしまうことは十分に考えられる。どうするか？　重しを載せるしかない。土のうだ、土のう袋を杭の上に全部置いていこう！

急ぎ土のう袋を作り全ての杭の上に置いていく。カッパを着ているとは言えもはや横殴りの雨に濡れるがままになっている。もう、いくら濡れたって同じだ。傘をさすのをあきらめてびしょびしょになりながら家に帰る小学生と一緒の気分である。

テントが飛ばされる危険性がなくなったら、次は被害を少しでも少なくしたい。既にテントの骨組みが暴風で折れ曲がって、テント自体がいびつな形になってしまっているのもある。しかし、骨折した人間と同じように、まずは応急処置ぐらいしかできない。中の荷物は、もはや手の打ちようがなかった。この雨の中で運び出せば余計に濡れるだけだし、そもそも全部の荷物を保管できる安全な場所もない。

果たして、日が暮れる頃には雨も上がってきた。温帯低気圧は被災地に様々な惨禍をもたらして、東の海上へ去っていった。嵐のあとの静けさ。だが、もう薄暗い。最終的な片付けは明日だなと思った。

その日は女性は地元のお世話になっている方の家に泊めてもらい、男はプレハブや体育館の踊り場を借りて夜を明かした。

次の日は台風一過の好天だった。文字通り雲一つない快晴だ！

全てのテントが床上浸水、特に寝具類は壊滅的なダメージを受けた。泥水で汚れた毛布は乾かしてももう使えそうにない。大量の粗大ゴミを発生させてしまった。倒壊テントが3基。複雑骨折でもう使い物にならない。飲み部屋テントもあえなくゴミ処理場行きとなった。大損害の上に、生活基盤が失われてしまった……。

これからさらに本格的な梅雨の季節に入っていく。もはや長期のテント生活に限界が見え始めていた。この一件が、奇しくもボランティアの生活環境を改善していかなければという契機になったのであった。

一番難しいのは被災者とのスタンス

震災から2ヶ月もする頃には、ボランティアたちはすっかり被災地の風景の一つになっていた。瓦礫の撤去はまだまだ道半ばであるものの、軌道には乗ってきている雰囲気が感じられた。

各家庭における片づけも同様、一時の危機的な状況は乗り切り、これからの生活を向上させるための方策に重点が置かれ始めていた。ボランティアの仕事も、当然それらの潮流と無縁ではない。まだまだ瓦礫撤去の仕事は多いにしても、もはや初期のようにヘドロにまみれて泥だらけになるようなシーンは既に過去のものとなりつつあった。被災者がどう生活を豊かに戻していくかに「知恵」が求められる時期に移り変わっていた。

避難所での生活支援的な業務が増えるにつれ、当然ながら被災者とボランティアの交流も増えることになる。そうすると、時として厄介な問題が起きる。これは初参加の災害ボランティアが必ずと言っていいほど予め注意される事でもあるのだが、被災者に感情移入しすぎて自分を見失ってしまう人が必ず出てきてしまうのである。インターネットやテレビで見ているとはいえ、実際に自分の目で被災地を見た時の衝撃は痛烈である。これにまず心を痛め、それから過酷な被災者の現状に接してさらに心を痛める。そうなるとまるで取り憑かれたように精力的に活動を始める。

「被災者のためだったら何だってする!」

まるで被災しなかった自分が申し訳ないとでも言うかのように……。「子供と遊ぶのも仕事のうち」と前述したが、こうなるとこれが理解できなくなる。

「こんな事して子供と遊んでるんだったら、もっと他にできる事があるんじゃないですか!?」

少しでも被災者のためになりたいという気持ちがこう言わせるのであろうが、軽口で言うくらいならともかく、これを本気で他のボランティアや被災者と掛け合うくらいになったらもう末期症状だ。自身の体力や精神力は省みる事なく、肉体的にも精神的にも憔悴して限界まで追い詰められていく。そして最後には、他のボランティアの「お世話」になってしまうのである。悲しいことだが、こういう症状を呈するのはやはり心根の優しい女性に多い。

これはボランティア本人のためにも良くない事は言うまでもないが、逆に被災者にとっても良い事であるとは限らない。被災者にだって、ボランティアなどに踏み込んで欲しくはない領域が必ずあるのだ。過剰に被災者を想うあまり、「あれもこれも私がやります、被災者のみなさんはどうぞ何もしないでいてください」というような話になれば、被災者の大切な部分に気付かず踏み込んでしまう事だって考えられるし、人間としての尊厳を傷つけてしまう事だってあるかもしれない。例え単なる話相手であっても、あまりに感情移入しすぎてしまうと、「お前なんかに何が分かる！」と逆に気持ちを逆撫でする事にもなりかねない。災害ボランティアは被災者との距離をほどほどに保つのが肝要なのだ。

だが例えボランティアがその辺りを首尾よくやっていたとしても、さらに別の問題が浮上する事がある。

ボランティアがいろいろとお世話をしてあげる事に、慣れてくる被災者が現れるのだ。人間とはつくづく面白いもので、どんなに過酷な環境であっても、慣れてくるとそれを何とか受け入れられるようになってくる。もちろん限度はあるだろうが、人間のそういう能力が被災者をして過酷な環境を克服する事に一役買ったといっても過言ではないだろう。が、逆も然り。どんなに欲しかったものや有り難かったものも、それに慣れてくると何とも思わなくなる。それればかりか、さらにその上を求めるようにさえなるのだ。これは決して被災者を中傷しているわけではない。人間性の本質を言っているまでである。

ある日、中型バスを貸切り、とある娯楽施設までの送迎を実施した事があった。参加はもちろん被災者の自由であるし無料であるが、乗り合いという性格上乗降地点は予め決めさせていただいている。それでよかったらどうぞご参加くださいというスタイルだ。

その帰り道、案の定一部の年配の参加者から要求が上がった。自宅の前まで送っていってほしいというものだ。足腰が悪いので歩くのが大変だという事情も確かに分かる。「なら送ってあげればいいではないか」という声も聞こえてきそうである。これが報酬を受け取った上での仕事であればサービスの一環として考えられなくもないが、ボランティアの場合は無償の奉仕であるがゆえに、逆に難しいところなのだ。

この人の要求は些細ではあるが、我々がボランティアでやっているという事をおそらく斟酌していないか、もしくはボランティアはできそうな事なら何でもやってくれるし、それが当然だと思い始めている。逆説的ではあるが、やれる事は何だってやれるが、やれない事は何だってやれないのもある意味ボランティアの特徴なのだ。そしてその一線をどこに引くかはボランティア側の裁量である。あまりに低いところに一線を引く人は、災害ボランティアとして失格の烙印を捺される事にもなるが、それは現場の問題であり、本質論とは関係がない。

やれないと思っていた事ができるようになる事は大きな進歩である。しかし、やれないと言った事を要求に負けてやってしまうのは、ボランティアの場合後々に禍根を残すことにもなりかねない。できる事とできない事をしっかり線引きしておかないと、今度は逆に「あれもやってね、これもやってね」と要求がエスカレートしてきて収拾がつかなくなってしまう事だってある。そうなれば一事が万事、被災地の自立を妨げてしまう事にもなりかねないし、そういう些細な事が助長され続けた結果が、「モンスター被災者」と呼ばれてしまうような不幸な人の出現にも繋がりかねないのである。

悩んだ末に、ドライバーであるリーダーはこの要望を丁重にお断りした。この辺の判断が非常に難しいし、苦しい。はっきり言って、送ってあげた方がよほど楽だし、あと腐れもない。だが、これを認めてしまうと今度は、「昨日のボランティアさんはやってくれたのよ」というような話にもなってくる。報酬を受け取っている仕事であれば「サービスの良し悪し」としてそう言われることも致し方ないであろう。しかし、ボランティアがサービスの良し悪しで語られる事は本来的にはあってはならない事だと思う。

最終的に「モンスター」と呼ばれた人たちが跋扈《ばっこ》したのは、特に対行政の現場においてであった。仮設住宅の入居や物資の配給において、理不尽な要求を繰り返す例は新聞やインターネットで枚挙にいとまがない。こういう人はボランティアに対しても当然辛く当たる。

「そんな皿一枚洗うのにいつまでかかってんの！」

ただそれは、必ずしもその人の人間性のみに起因しているわけではなく、極限の状況の中で渦巻く矛盾が生み出してしまった犠牲者であるとも考えられるのだ。

災害ボランティアの現場では、被災者に対する同情の余地があまりにも大きいため、ボランティア本来のスタンスを見失いがちになる。被災者との距離を上手にコントロールする事は極めて難しいだけでなく、上手な災害ボランティアとなるためには不可欠な能力であるように思う。

避難所は「三食昼寝付き」という誤解

避難所とは何か。本来的には、震災によって自身の住居への居住の継続が困難となった人が身を寄せている所はすべて避難所と解すべきであろう。それを広義の避難所とするならば、では狭義での避難所とはどういう所か。これは主に行政によって「避難所」と認定され、行政による管理、援助が施されている施設と考えれば分かりやすい。我々ボランティアも、「避難所」といえば、事の是非は別として、この狭義での避難所を指すことが多い。

では避難所にはいったいどういう所が使われているのか。これはまさに千差万別で一言で言い表せるものではないが、大型アリーナや体育館であったり、学校、集会場、お寺、ホテルや旅館など様々なものがある。その規模ももちろん様々で数百人が寝泊りする所から僅か数人の所もある。当然その中の生活環境も様々だ。大浴場付きの大型ホテルの客室と体育館の冷たい床の上では快適度が違うのも当然だが、それを言い出してもどうにもなるものではないのでここでの言及は避ける。

共通して言えることは、中では被災者がその避難所の生活ルールに従って共同生活をしている事、そして食事が提供されている事だ。調理に関して言えば、これもまた時期や場所によって違うのであるが、何がしかの当番制があって、入所者自身で行っている所もあるし、数百人が避難するような大きい避難所では連日自衛隊による炊き出しが行われていたりする所もある（自衛官が慣れない手つきで大鍋に卵を割り続けているのは見ていても微笑ましい）。

被災者は法的にも人道的にも庇護を受ける立場にある。しかし、一口に被災者といってもその被災状況は様々である。仕事は失ったものの幸い自宅は健在の家庭もあれば、職も住居も身の回りの物一切も、3月11日に身につけていた物以外は文字通り全て失ってしまった人もいる。ゆえに必要とされる支援にも、実際に行われる支援にも、被災地では当然差異がある。

避難所に身を寄せる人の多くは後者の人たちだ。そんな人が命を長らえるためには避難所の屋根と食事に頼る他はない。だからこそ、日に3度の食事も提供される。しかし一方で、同じ被災者であっても幸い避難所に入らずに済んだ人たちには、黙っていても食事が供されるというような事はない。電気水道ガスもろくにない中で、自身の賄いは自身で確保しなければならない。

被災者への支援は、決して一律公平というわけにはいかない。被災地には状況に応じた適切な区分が必要であり。それに基づく支援の差異も発生する。そこに人間ならではの反感やねたみが生まれる事だってある。ゆえに時として、「避難所は三食昼寝付きでいいわね」というような悲しい声に触れる事がある。津波が地域の絆まで引き裂いてしまったのだ。やるせないことである。

避難所に関してもう一つ共通して言える事は、いつかは必ず出ていかなくてはならないという事だ。それも、遠からぬ未来のうちに。そして、多くの被災者にとって避難所から出るという事は仮設住宅へ移るという事に他ならない。もちろん、自力で住居を再建したり、あるいは全く別の場所で新生活を始めるという事ができれば望ましい事であるが、それができる人は少数派である。

だが、避難所から仮設住宅へ移るといっても、決して楽な事ではない。被災地では、仮設住宅に入居して自活を始めたら、行政からの物質的生活支援は打ち切りになるのが原則なのだ。仮設住宅の供給は国の災害救助法の規定に基づいて行われており、避難所に食事や生活物資を供給する事も同様である。だが、仮設に入居した人に対しては、もはやその対象ではなくなってしまうからだ。

我々ボランティアも、例え避難所で消費しきれない物品であってもこれを仮設住宅へ持ち込む事は問題がある。それが公の物資である限りは。つまり、仮設住宅に入ったとたん、今までは賄いや生活必需品の供与があったものがパタリとなくなってしまうという事である。仮設に入れるといっても、手放しで喜んでばかりはいられない被災者が多くいるのはこのためである。当の被災者には、この原則が大きな壁となって立ちはだかる。

仮設住宅は家賃は当然無料である。また、海外からの義援金によって、洗濯機、冷蔵庫、テレビ、炊飯器、電子レンジ、電気ポットの家電６点セットが赤十字から贈られる。一応、生活に必要なものは揃っているというわけだ。しかし、避難所に避難している家庭の多くは、「仕事」を失っている。収入がないのだ！　収入がなければ、家があっても「食べていく」という一番肝心な事ができない。避難所での生活期間は、自力で生活を再建していくための準備期間なのである。食事が提供されているうちに、来るべき自活に備えて準備をしておかなくてはならない。

被災者の入居を待つ仮設住宅（2011年５月）

しかし、被災地に新しく仕事などそうあるわけもない。それどころか避難所を出たら車さえなくどこかへ行く事もできないのが避難所の実情と言わなければならない。就活すればいいなんて、そんな簡単な話ではないのだ。それを、同じ被災者から「昼寝」と言われてしまっては元も子もない。

人間、隣の芝生は青く見える。それは被

災者だって変わらない。いや、被災者なら尚更青く見えたっておかしくないのだ！

そして、避難所に暮らす子供は避難所外の友だちに言うのである。

「お前んちは家があっていいよな」

後々、せっかく仮設住宅に当選しても移る事ができず、避難所暮らしを継続せざるを得ない家庭が多く現れたのは当然といえば当然の事であった。年金生活のお年寄りなら経済的にはまだなんとかなった可能性が高いが、よりによって一番働き盛りの親と一番育ち盛りの子供という家庭が、本当に一番困ってしまったのである。その多くは、今でも貯金を切り崩しながら日々の生計を支えている事が多い。必然的に、子供たちの就学や就職といった一生の問題にも影を落とす事になりかねない。

天災なのだからといって、一から十まで全て補償するというわけにはいかない。しかし、被災地という同じ境遇の中でも、救済という面においてはさらに悪条件の重なってしまった人がいることも確かである。たとえ今からでも、そういう人たちへの支援の底上げを柔軟に図っていく事は行政はもちろん、ＮＰＯ等も含む日本人全体の責務ではないだろうか。

井戸端会議は情報の宝庫

世の中では男性より女性の方がよくしゃべる。それは古今東西、たとえ被災地であっても変わる事はない。とある日の午後、飲食店の一角で昼食をとっていたところ、三人の主婦グループと席が近かったこともあって何となく一緒の輪になった。井戸端会議の一員になるのは悪い気はしなかった。

「○○の区長が物資を横流ししているらしいわよ」

「あ、それあたしも聞いたわ～」

いきなり核心に迫るネタが出てきた。

「△△ではね、いい物資が来たら、（地元の）ボランティアが先にいただいちゃってるんだって」

「そう、だから物資はバザー開いて皆に同時に開放することにしたらしいわよ」

ふむふむ、そういうこともあるのか。

「□□で、ボランティアの女性と地元の男性が結婚したって聞いた？」

やはりその類の話は井戸端会議には欠かせないらしい。

「生徒がたくさん亡くなった学校あったでしょ、生き残った子供にテレビがしつこくインタビューしてるのってどう思う？」

「あれはどうかと思うわよね～」

確かに、自分も同意見だ。格好の取材対象なのは分かるが、被災者の感情は完全に無視されている。

「××の海沿いに1軒だけ残ってるボロいお家があるの知ってる？」

「不思議よね〜周りはみんな流されちゃってるのに、いいお家がみんな！」

「どーしてあんなボロ家が生き残ってんのよね〜流されちゃった方がよかったのにね〜アハハハ！」

もう人も住んでいない廃墟同然の家らしい。神のいたずらというか、万分の一の条件が重なって起きた奇跡だろう。

「7日のでかい余震あったでしょ、あたし車で☆☆まで一目散に逃げたのよ……」

「あんなとこまで？　アハハハ！」
☆☆は小高い山の上にあるレジャー施設だ。今だから笑える話なんだろうな……。
そんな奥様方も震災直後は家が残ったので、ボランティアとして炊き出し用のおにぎりを大量に握った。もちろん被災者であるし、復興に第一線で尽力しているという自負もあるのだろう。

だからこそ、被災地で起こる矛盾に対して物が言えるし、言いたいし、言うのだ。

元気なおしゃべりは続く。

「避難所の特に若いのは周辺の道路の片付けぐらいやればいいのよ！　時間があるんだから」

「そうよ、そうよ！」

「自分たちは被災者だからっていう甘えが、一部の人に出てきてる気がするわね」

被災地の井戸端会議には、被災者ならではの視点に加えて、無視できない情報や活動のヒントが含まれている事だってある。

ある町の遺体係のお話

先般襲来した低気圧は、被災地に予期せぬ出来事をもたらした。海が荒れたおかげで、これ以降ご遺体が多く浜に打ち上げられ出したのだ。あの日まで普通の生活をしていた誰かの肉親である。心よりお悔やみを申し上げるしかない。

ご遺体を扱うのは行政の仕事である。仕事である以上、必ず担当者がいる。ある町の、ご遺体担当の方と、立ち話ではあったがお話を聞かせていただく機会を持った。タブー的な内容ではあるものの、被災地の惨状を伝え残すという使命からすれば、避けては通れない話の一つであろう。貴重なお話であることも確かであるし、深入りはできないが、書き残しておこうと思う。

梅雨の季節に入る頃には、この町でご遺体が見つかるのはせいぜい週に一、二度という頻度にまでなっていた。ところがこれが、先述の低気圧で「日」に一、二度にまでなった。私もその頃、ドブさらいをやっていたすぐ横の浜で、二体が上がったことがあった。確かに、海の中で何かがあったようだった。

この町で見つかったご遺体は、一旦町の総合体育館に運ばれる。体育館入り口のガラスには、何十、いや、百を超えるだろうか、ご遺体情報が所狭しと貼られていた。性別、推定年齢、身長、体型、着衣、所持品などの情報が記入されている。所持品は携帯電話などかなり手掛かりになりそうな物も多いが、まだここに貼られているという事はなかなか身元特定に至らないという事なのだろう。情報がある場合はまだ良い方かもしれない。推定年齢や性別まで不明のご遺体、焼死体、頭部のみ、などといった場合もある。この掲示板の前に立ち尽くすだけで、無念の叫び声が聞こえてきそうな気がする。この身元不明の頭部も、3月までは自分の頭部と同じように動いていたはずだ。何十年か前にどこかの町でどこかの夫婦の愛によって生まれ、学校で学び遊び、幸せな結婚式を挙げて、社会のどこかで働きながら子供を育ててきたはずだ。感情移入を始めると、無限の彼方へ引きずり込まれそうになる。

タイプで印字されてはいるが、震災直後は当然全部手書きだったらしい。そして当時、ご遺体はこの体育館の前に、無造作に並べられていたそうだ。

ここへ運ばれたご遺体は意外にも入り口近くのホールに安置されていた。かつてこの町の成人式が華やかに執り行われた場所だそうだ。今では警察官が警護していて、もちろん私も含めて一般の人の立ち入りは許されないが、ドアを開けるだけで鼻を突く事もあるとのこと。ご遺体といっても、この時期には完全な形でのご遺体はない。一部であったり、白骨化したものがほとんどだ。ご遺体はまずここで検視を受ける。そして、DNAサンプルと付着品などを証拠として採取した後、火葬に回される。とはいえ、被災地の火葬場はどこも順番待ちで、東京都などが協力しているような状態だ。ご遺体は平均約1週間ほど安置されたのち、最後の旅立ちを迎えることが多い。そんなご遺体が、いつも概ね十数体ほど安置されているそうである。

身元の分からないご遺体の火葬に、親族の付き添いはもちろんない。最後は役場の方によって送られ、茶毘に付される。それを見届け、証人として立会うことも、担当者の重要な役目なのである。

「ではそろそろ火葬場に行かないといけないので」と一礼して、この方は足早に体育館をあとにしていった。

自衛隊風呂でいい湯だな♪

5月になる頃には被災地の入浴事情は格段に改善されてきたといって良かった。インフラが回復してきたという事ももちろんあるが、東北は名湯の故郷、各地で温泉送迎などが行われるようになってきたからである。そして、中でも忘れてはいけないのが自衛隊による入浴支援だ。これによって、特に避難所での毎日の入浴が可能になったといっても過言ではない。私も、滞在していた南三陸で散々お世話になった。本来的には被災者のためのものであるが、我々ボランティアもしばしばまぎれてお湯をもらいに行く。ここではちょっと、そんな被災地の心温まる一幕をご紹介したい。

当時南三陸の入浴支援を担当していたのは肥後熊本の部隊である。お風呂は名付けて「火の国の湯」。アリーナの駐車場に設けられた男女それぞれ計2棟の湯屋は、自衛隊の大型テントで造られている。一見すると部隊の宿舎のようにも見えなくはないが、男湯女湯それぞれの入り口

南三陸に湧いた自衛隊風呂、熊本「火の国の湯」（2011年6月）

には立派な「火の国の湯」の暖簾《のれん》が掛かっている。とても手作りには見えない品物だ。武骨な迷彩色の湯屋の雰囲気を少しでも和まそうとわざわざ業者に頼んでこしらえてくれた物であろう。温泉気分を盛り上げようという粋なはからいが嬉しいではないか。東北と九州、千キロ以上離れてはいるが同じ日本人、温泉好きのこだわりの感覚は同じである。

さて、洗面器に石鹸を入れてお決まりの銭湯スタイルで行ってみるとすでに満員、約30分待ちの大盛況であった。自衛官から整理券をもらって暫し時を過ごす。傍らには、雨風がしのげる「待合テント」が用意されてあった。テントの中にはストーブまで備え付けてあったが、むしろ目を引いたのは地元の子供たちから自衛官に贈られた沢山のお礼のメッセージだ。千羽鶴も捧げられている。

「自衛隊のみなさんありがとう」「南三陸町は元気です」

こういう気持ちの品が、自衛官にとっては何よりも嬉しいに違いない。

「46番でお待ちの方どうぞ〜」

とうとう順番が来た。暖簾とテントの幕をかき分け入ると中は意外に広い。脱衣所と湯殿合わせて畳20畳分はあるだろう。プールなどでよく使われている青いプラスチックのすのこが脱衣場の床だが、脱衣場と湯殿の間に敷居はない。服を脱いだら湯船まで一直線になっている。

湯殿には10人は入れるであろう大きな湯船がドンと一つある。湯船といってもブルーシートに覆われた長方形の巨大容器といえば良いだろう。湯船の真ん中を横切るように配水管が通っており、その端からお湯が常時注がれている。見た目はまさしく釣堀だ。

そして、銭湯と一番違うところはシャワーやカランがない事である。入浴者は湯船を囲むように座り、洗体から洗髪まで、すべて湯船のお湯を洗面器ですくって行う。

この洗い場の中で一番人気のポジションは湯出口の近くである。泡を洗い流す時にさら湯が使えるからだ。みんな常連なのでそのあたりは心得ている。特に髪を洗い流すときはさ

住民から自衛官へのメッセージ（南三陸、2011年6月）

ら湯を使いたいものだ。しかしこのさら湯、かなり熱い。だが注がれてしばらくするうちに、湯船はちょうどいい湯加減になっている。中は決してきれいというわけではないが、お年寄りも多い事だし、体に悪いさら湯よりはこのくらいの方がいいのかもしれない。

「ババンバババンバンバン♪」

と歌い出したいところではあるが、さすがに気が引ける。よそ者のボランティアがここででかい顔をするわけにはいかないし、顔見知りに出くわす事も多いからだ。何十年かの昔、まだ各家庭での入浴が一般的ではなかった頃、銭湯は地域社会の大切な社交場だったと聞く。当時の銭湯もおそらくこんな感じだったのであろう。その小さなコミュニティーが、ここ被災地でしばし花咲いていた。

着替えて外に出てみると、若い自衛官数人がボランティアの女性数人と談笑している。実に楽しそうだ。隊員たちももう1ヶ月以上地元には帰っていないのだろう。被災地という特異な状況もあるが、そうでなくても男の世界、若い女性と話す機会など恵まれているはずもない。女性ボランティアに夢中のその顔はもはやすっかり一人の普通の青年だ。熊本の自衛官にとっても「火の国の湯係」は心休まる任務に違いない。

まだまだ未完成だけれども、こういう何気ない生活の一コマを少しずつ取り戻していけるようにすることが、まさに生活支援であり、復興そのものなのだなと改めて思う。

大切な、ボランティアのためのボランティア

「自己完結」と言う言葉がボランティアの現場ではよく聞かれる。これは費用はもちろん、自身の食事から寝床、何かあった時の対応も含めて、一切他人（特に被災者）の世話にはならないということである。当たり前の事だが、被災地に行って被災者の迷惑になってしまうのは最悪である。自分の事は何から何まで自分でやって、その上で被災者のお手伝いをする。これができてこそ初めて被災地にとっても来てもらいたい存在となりうる。災害ボランティアの最低条件というか、前提である。しかし、あの被災地の状況では、よほど覚悟を決めて念入りに準備をしていかないと、容易にその「最悪」になってしまう。よくその言葉を聞かされたということは、やっぱりそれができない人がいたという事でもある。

「食事ぐらい出るのかと思ってた」「泊まる所もないの!?」というような話から、ボランティアが炊き出しの列に並んでいたなどという話も、一部の人間ではあるものの、ないわけではない。震災直後は特にこの自己完結が求められた。被災者が極限の状態にある時に、その負担を増やすような事は絶対に許されない。

しかし、復興が少しずつ進むにつれて、支援側にも被災者側にも少しずつ余裕が出てくる。支援側も、体制が整ってより大きな組織として動くようになれば、当然分業が生まれる。ボランティアの食事は、誰か料理の上手な人がまとめて作った方が効率的だという事になってくる。こ

れは、集団的自己完結とでも呼べばいいのか、組織内で全てをうまく回しているわけで、被災者側から見てもOKという事になる。

災害復興支援活動では、最前線で肉体労働に勤しむ事ばかりが重要ではない。ボランティアのためのボランティアがいなければ、ボランティアは活躍できないのだ！

実際にNPOに参加してボランティアをした人は、ほとんどこの「ボランティアのためのボランティア」のお世話になっているはずだ。しかし遠い場所までボランティア活動にやってくる人は、特にその活動期間が短ければ短いほど、少しでも直接的に被災者を支援できる業務を願う。わざわざ賄い係をやるために、自費で新幹線に乗って東北まで行こうという人は少ないはずだ。従って多くの場合、食事作りは「当番制」ということになる。

ある日私にもとうとう炊事当番が回ってきた。朝早く起きて、何か作らなくてはいけない。何かといっても、そんなに豊富な食材があるわけでもないし、果たして自分にできるだろうか。

翌朝、事態は急転直下となった。夜のうちにセットしておいた炊飯器のタイマーが、作動していなかった。中には水に浸かった白米がそのままだ。その日、仲間たちはあり合わせの朝食で現場に出る事になった。女性ボランティアが心配して作っておいてくれた汁物があっただけで、かなりの人が救われた。

とまあこんな調子であるから、料理当番は上手な人にやってもらえると他の人は本当に助かるのである。

さらにこれが数十人規模の組織になってくると、当番制はそぐわなくなる。ほとんどの人が結果的に当番を逃れる事ができるため、不公平感が著しくなってくるからだ。ボランティアの中から専属の炊事係を作らなくてはならない。希望者が全くいない事だってある。だが多くの場合、やはり誰か一人くらいは料理の得意な女性がいて、「それじゃあ私が……」と手を挙げてくれるのだ。しかも元々料理の腕に覚えのある人たちであるから、実に美味しい。こういう人にどれだけ多くのボランティアが助けられた事か。これは即ち、被災者を助けているのと同じ事なのである。

プロの運転手が送迎専門のボランティアを勤める事だってあるし、私が嵐の中でテントを守ったのもいわばボランティアのためのボランティアである。災害支援組織の現場は、こうした相互扶助によって成り立っている。

それとは別に、被災者がこの「ボランティアのためのボランティア」になってくれることも時にはある。時にはというより、復興が進むに連れてそれはどんどん多くなっていった。被災者に「御返し」の気持ちが生まれる事によって、我々にとっては非常に嬉しい施しをしていただけるのである。代表的なものが「もらい湯」であろう。

ボランティアにとって入浴は重要な問題である。後々、シャワーなどが設置された場所ではよかったが、初期であればあるほど、風呂など入れることは少ない。そんな時、片付けなどで伺ったお宅から、「よかったらお風呂入っていきなよ」と勧めてもらえるのである。もちろん、ある程度復興が進んできてからの話であるが、被災者の負担になってしまう事には違いないので、原則的に考えてきちんとお断りする事もあるし、コミュニケーションの範囲内でありがたく湯をもらう時もある。ケースバイケースだ。

また、NPOがしっかりと現地に根を下ろしている所では、地域の人がいわば専属で「もらい湯係」を務めてくれている事もある。そういうご家庭には、毎日毎日入れ替わり立ち替わりでいろんなボランティアがもらい湯に訪れる。中には「ボランティア支援の家」とペンキで家の壁に書いて、ボランティアが見つけやすいようにしてくれているお宅まであった。「これ、終わったら消せるんだろうか？」というのが仲間内の語り草になっていた。

ご好意で入らせて頂いているとはいえ、全く知らないご家庭のお風呂に入るというのはとても緊張する。家の中で、お風呂というのは寝室と同じくらいプライベートな場所だ。そこへ温かく迎えてくれるというのは嬉しいが、むしろ恐縮してしまって足など伸ばす気になれなかったりする。

人情に溢れる東北の人が、風呂上りの人をそのまま帰すわけがない。風呂上りのビールに始まり、自家製の漬物、捕れたての魚、東北名産の牛タンが出てくる事すらある。訪れたボランティアはここでひと時、震災の苦しみを共有するようにして、世間話に花を咲かす。私も何度も御世話になった。改めて厚くお礼を申し上げる次第である。

真価が問われた平成の市町村大合併

地方分権推進を旗印に平成の世を揺るがした市町村大合併から概ね5年以上の月日が経ち、乱立したかに見えた〝ひらがな市〟もようやく浸透し始めたように見える昨今ではあるが、被災した東北三県ももちろん、この大潮流の例外ではなかった。むしろ被災した三県は例外どころか、名実ともに「地方」であるがゆえにこの時合併した市町村数も非常に多い。

宮城県を例に取っても、主な被災地周辺では石巻市・河北町・雄勝町・河南町・桃生町・北上町・牡鹿町が合併して石巻市に、矢本町・鳴瀬町が合併して東松島市に、志津川町・歌津町が合併して南三陸町に、気仙沼市・唐桑町が合併して気仙沼市に（後に本吉町が編入）、といった具合で合併と無縁な自治体はないといっていいほどである。しかし、新地名が浸透してきたとはいえ、今でも旧地名に親しむ人は多いだろうし、たとえ新地名が認知されても、当の現地の住民感情や帰属意識の方が、自治体としての一体性を計るにはずっと肝心で重要な要素のはずである。平成23年に発生した東日本大震災は、そういう点でこれら合併の成否を占う大きな試金石となったのではないだろうか。

もしかしたら一介のボランティアが立ち入るべき話題ではないかもしれない。だが、部外者ゆえに客観的な視点でこれらの新コミュニティーが震災の混乱の中でどう映ったか、私感を述べてみたい。事実、悲しいことに、合併の負の作用を完全に引きずったままで震災を被り、復興へ向けての折衝の中で内なる亀裂が顕在化したと言わざるを得ない所もあるように思えてならないのである。

まず、実際の物理的、地理的要因はどうなのだろうか。例えば石巻市の場合、合併前の面積が137・04平方キロ、合併後が555・36平方キロと面積は4倍以上に膨れ上がっている。他の自治体でも概ね2倍くらいになっているところが多い。果たして行政サービスは隅々まで行きわたっているのだろうか？　と誰しもが思うだろう。その問いに私が答える事はできない。しかし、震災後の復興支援活動が隅々まで均等に行きわたったのだろうか？　という問いには、私でも答える事ができると思う。

個人として復興支援ボランティアに参加しようとする場合、一般的にはまず各自治体の社会福祉協議会（社協）が運営する災害ボランティアセンター（ボラセン）へ赴いて登録をしてから、支援要請のあった各家庭などへ向かう事になる。ところがこのボランティアセンターは基本的に一市区町村に一つしかない。そして所在地は当然ながら市内中心部ということになる。合併して大きくなった市や町の端の方へ市内から行くとなれば、いずれも車でそれなりの距離を走らなければならない。場合によっては片道小1時間かかる事だってあるのだ。各ボランティアセンターに作業員送迎用の大型車や運転要員が豊富にあるわけでもない。必然、作業は市内中心部がほとんどという事になってくる。参加するボランティアにしてみれば、どこの被災者だろうと同じ被災者には違いないので不満はないのだが、被災者側からみれば、「市内にある家だけ毎日大勢ボランティアが来てくれていいわね！　うちなんか全部一人でやってるのよ」という事になりかねない。

ではそういった遠隔地では全くボランティアの支援の手が届かなかったのかといえば、必ずしもそういうわけではない。窮状を見かねた各地のＮＰＯや支援団体が、独自のボランティアセンターを立ち上げて、その地域密着の支援を続けてきたケースが今でもたくさんある。そういった団体は時には社協よりもより効率的に、より組織的に地域への支援を拡大していった。地元の人たちと深いコミュニケーションをとり、まるで地域の人間であるかのように根を下ろしていったのである。これが、社協にはどう映ったか。自分たちの手の届かない所を援助してもらって心から感謝という所も当然あっただろう。しかし、そうではない所もあったようだ。自分たちの管轄地域で別のボランティアセンターを作られては困る、というわけである。もちろんボランティアセンターという名称は社協の独占名称ではない。ＮＰＯが入り込んでいるという事はその地域に支援が届いていないから入り込んでいるわけで、それをよそに体面云々を言い出しても始まらないはずだ。被災者不在の、縄張り争いをする姿は地元の人の目にはどう映ったであろうか。

もちろん、ＮＰＯの支援の手すらもろくに届かなかった所もごまんとある。仕方がないで済ませていいことなのか分からないが、現実には済まされてしまってきたのだ。

話を少し元に戻そう。平成の大合併によって生じた物理的な距離も、基本的に市町村単位で行われるボランティア活動には大きな支障となったことは確かである。ただそれ以上に、当の住民同士が同じコミュニティーの人間として支え合えるか、この方が合併の先行きを見るのに大切なことは自明であろう。当然かもしれないが、「円満合併」の所ばかりではなかったと思う。そういう所では、アイデンティティーを傷つけられた地域からの口撃の矢じりが、震災の動乱の中でボランティアに向かって誤射される事だってあるのだ。

例えば、遠隔地への支援が現実的に物理的に大変である上に、一つの自治体である以上、市内中心部から復旧を進めていくという政策にも合理性がないわけではないという事は誰でも分かる。ゆえに、本当にこの平成の大合併によって住民が一つとなったのであれば、「吸収」された遠隔地の人々にとって、自分たちの所への支援の手が後回しになるのも「中心部からやっていくのは仕方がない」と思い至れるはずなのだが、もし現実には旧市町村の枠組みが住民の心を支配しているのであれば、やっぱり「なによ、向こうは向こうの事ばかりやって、こっちはお構いなしじゃないか！」という怒りにも帰結する事になるのである。私が問いたいのはそこだ。現地で、そういう声を実際どれだけ聞いたことか。

いわば「マイノリティー」となった住民たちからは、物資の配給に関しても多くの不平不満が上がった。

「こっちにもやっと物資が来たと思ったら、こんな余り物みたいなのばっかりよこしてさ！」

といった具合にである。確かに、多くの支援物資は自治体中心部の集積所に一旦集められ、そこから市内（町内）各地へと配られていく。それらが本当に余り物だったのかどうかは今となっては分からないが、なかなか物資も届かない地区があったのは確かである。日中汗ばむ頃になって冬物古着が届いたりすれば、そこに悪意や無作為があったとは思いたくないが、もらった人がそう思いたくなるのも分かる。

言うまでもなく、東北というところはその土地柄、各地の地縁は東京などの都市部に比べれば遥かに強い。市、町、村の枠組みから、さらにその中の地区といった単位に至るまで、強力な地縁で結ばれている。それゆえに、こういうセンシティブな問題に関しては東京などより一層顕在化しやすいのだ。その上被害が甚大だった地域では、例えば宮城県内では近隣内陸部の登米市や大崎市へ集団で二次避難している場合も少なくない。二次避難者たちは避難先の自治体で手厚い保護を受けている。地元へ物資をもらいに行く足もろくにないどころか、「こっちへ来てから地元からはな〜んの音沙汰もねえ」という声は多かった。

いずれはそうした人たちも郷里に戻って地元の復興を一緒に手がけていかなければならないだろう。現実的な距離という壁以外に、もしかしたらそれ以上に高い「元は別の町」という住民感情の軋轢の壁を今後どう乗り越えていくか、これが今回の震災で改めて浮き彫りになってしまったのではないかと思う。これは他方からの支援や何かでどうなるものではない。主導的地域の分け隔てない処遇と、その他の地域の理解という双方の歩み寄りなくして明るい展望は望めない。

実際市内中心部の瓦礫撤去が急ピッチで進められている頃、とある合併地域では全然片付けが進まないので住民が瓦礫を集めて自分たちで燃やして処分せざるを得なかった事もあったと話していた。しかも、その地域は市内の瓦礫最終処分工場建設地に決定したそうだ。そうなれば、市内を始めとする瓦礫があちらこちらから次々と運ばれてくる事になる。

「合併なんかしなきゃよかったんだ!」

声を荒らげて怒りをあらわにした、とある被災者の言葉が忘れられない。

支援物資狂想曲、廃棄の章

震災発生後、遠隔地から最初に被災地に届いた支援の手は何か。それはいうまでもなく救援物資である。各自治体やNPOがいち早く物資受付窓口を立ち上げ、東京都では都庁に集結した救援物資を仕分けるためにボランティアが集結、予想を超える反応のため早々に募集が打ち切られたほどだった。時はまだ3月、東北へ行く手段もなかったが、これから来たるボランティア活動期の到来を予感して、多くの人の心の準備が調いつつあった頃だ。いち早く奉仕を決めた人が、やり場のないボランティア精神を都庁へ集結させたのも無理のない事だったろう。

3月中は至るところでタオル1枚、靴下1足から被災者の用を成しそうな物をこぞって持ち寄る風景が全国で見られた。被災地の惨状と失われない秩序、そして草の根で支援を行う健気な日本人像が海外のマスコミから瞠目され始めた頃、私のいた物資受付所にもひっきりなしに地元の人たちが訪れた。腰の曲がったおばあさんが重たい風呂敷を背負って寄付に訪れたりもした。

そうして送った自分の生活物資は、無事被災地に到達して、被災者の命の灯火をつなげていると誰もが信じている事と思うが、実際には自分の送った救援物資がどこでどのように使われたのかと気になる方も多いのではないだろうか。もちろん、これらの支援物資がなければ被災者の命は繋げなかった事は確かである。しかし、必ずしも支援者の期待に沿うような形で最終処理されたものばかりではない事は、現地を見て、実際にそのハンドリングをした者として言える。そもそも、これだけの大量の物資を公平均等、かつ効率よく振り捌けるだけの管理、物流システムなど震災後の被災地にあろうはずもない。ここではそんな「恵まれない」物資たちに焦点を当ててみたいと思う。

まず送られた物資そのものに問題がある場合も少なくはない。捨てるくらいだったら何かに使ってもらえるかもしれないという気持ちで出したのかもしれないが、そういう品は大抵被災地のゴミを増やすだけで終わったのが現実だ。汗ばんで黄色くなった上着、名前の書いてある使用済みの上履き、ぼろぼろにメッキが剥げたミニカー……。有っても困らないと思われるかもしれないが、こんなものを渡されれば被災者が自分の現状を悲観するだけである。3月11日を境に被災者という身上になってしまって何か特別な人のように扱われてはいるが、それまで被災地以外と何一つ変わらぬ生活をしてきた人たちなのだから。

続いて冬物古着。震災直後、しんしんと雪が降り積もる被災地の映像を見れば何より必要なのは防寒具とイメージするのは間違いではないし、実際被災者を荒ぶる寒風から守った古着も少なくない。しかし多くの冬物が運搬、蔵置、仕分けなどの手を経て被災者に届く頃には東北は4月でも寒いとはいえすでに春の足音も遠くなく、実は、後々品薄になった衣類はむしろ夏物だった。震災直後に冬物を送って全国民がひと安心してしまった上に、1ヶ月も経つ頃には自治体の救援物資受付もほとんど締め切られて物資送付の気勢が下火になったのも手伝って、夏支度に向けて薄物が必要になる頃には冬物がだぶつくようになっていった。ゴールデンウィークが近づく頃には余った冬物がまるで洋品店の不要になったハンガーのように「ご自由にお持ちください」と道端に出ているのまで多く見かける事ができた。残念な事だが、全国から集まった思い出の冬物古着たちは、その本分を全うできなかった場合も多い。

「ご自由にお持ちください」と（気仙沼市、2011年4月）

　そしてパンとおにぎり、カップラーメン。やはり誰でも考える事は同じなのだ！　パンやおにぎりは個人での寄付という事はまずないと思うが、心ある全国の食品会社の社長さんなどが「うちにできる事はこれだ！」と送ってくれたに違いない。しかし、多くの避難所が一時期、半ばおにぎり地獄と化していたのも事実だろう。一般の支援物資だけでなく、行政からの支給にもパンとおにぎりは多かったに違いないのだから。誤解しないでいただきたいのは、決しておにぎりが不要だったというわけではなく、むしろそれで避難生活の胃袋を大いに満たす事ができた人も多いはずであるが、とはいえ、贅沢を言い出せば切りがないのは十分承知しつつも「今日もおにぎりか……」「毎日腹一杯にはなるんだけど……」という状況も確かにあり、そして多くのパンやおにぎりが期限切れで廃棄処分になっていったという事実もあるということである。ただ、震災後はほぼ飲まず食わずで数日間を生き抜いた人たちであるし、そのあたりの難しい事情は十分理解して、支援者に感謝して下さっていると信じている。

カップ麺も消費期限が長いからといって油断しているといつのまにかすぐ期限切れになってしまう。期限ごとにダンボールにまとめてできるだけ廃棄をなくすようにボランティアも努力するのだが、やはりどこからか一定量の期限切れが出てくるのは常であった。いずれもボランティアの胃袋に入るのはまだいい方で、多くの場合は廃棄処分となる。

さらに時が経つにつれて、物品によっては強制配給の様相を帯びてきた。目立ったのは「牛乳」と「野菜ジュース」ではないだろうか。いずれも栄養価が高く、被災者に届けるにはもってこいの飲み物だったと言えるだろうし、そういう意味では間違ってはいないと思う。しかし、来る日も来る日もこのどちらか、或いは両方が届く被災者の身になってみれば、配り方にもう少し検討の余地があったのではないか。大きな避難所ではこれらの紙パックがうず高く積まれて、被災者の口に入るのを待っている光景が日常となっていた。

しかし、余っているのなら足りない所へ持って行ってあげればいい。避難所の近くには仮設住宅が併設されている事が多い。ここへ持って行けば受け取ってくれる人はいくらでもいる。しかし前に述べたように、制度上の問題でそれはできない。仮設でなくても欲しい人はたくさんいるだろう。しかし、公共の物資であるかぎり、おいそれと気安く配ったりする事は難しい。結局賞味期限が切れたら捨てるしかないのだ。人間と言うのは融通が利くのか利かないのか本当に分からない。

確かに震災直後は物資が極めて不足していたし、それゆえに全員に配れないのなら逆に全部捨てるというような事まで確かにあったと聞く。しかし数ヶ月経った今や、事態は逆だ。それに大量の余剰物資は被災者のモラルハザードも引き起こしかねない。

「若い人はね、下着とか洗わないで捨てちゃうのよ。またバザーでもらえばいいやって」

ある大きな避難所でおばあさんが嘆きながら話してくれた。そんな事も、起こりうるのである。

では結局のところ、全体として物資は満ち足りていたのか。いや、決してそんなことはない。有るところには余分にあり、無いところには全くない。用はその配分ができていなかったという事だ。これこそが私が被災地で感じた最大の矛盾であり、これに関しては後ほど改めて詳説していきたい。

報道空白が生み出す被災地差別

ほとんどの日本人は被災地の様子をどのようにして知るか。ボランティアなどで現地に足を運ぶ事のできる人はごく一部であろう。実際ほとんどの人は新聞やテレビなどの報道によって情報を手に入れる事になる。押し寄せる津波、瓦礫と化した町、被災者の苦闘、いずれも活字であれ画像であれ音声であれ、自分で得られない情報を得ようとする時、報道に頼る部分はきわめて大きい。

しかし、改めて言うほどの事ではないが、報道というものは時間的にも空間的にも断片を切り取って紹介しているものに他ならない。この断片をたくさん積み重ねて少しでもトータルな真実に近づけるしかないのである。

時間的な観点で見れば、今でこそ量的に少なくはなったものの、何ヶ月もの間被災地に関する話題が報道から途切れる事はなかった。それこそ震災の数分後から現在に至るまで、一貫して情報提供が続けられてきた事は評価できると思う。しかし、空間的にはどうであっただろうか。これに関しては、どうしても偏りがあったと言わざるを得ないように思えるのである。

東日本大震災の報道によって、被災地である三陸海岸沿いのいくつかの町名を初めて知ったと言う人は多いだろう。長年旅行業に携わってきた私でさえもそうなのだから。では、震災の報道を見た人が、被災地と言われて思い出す地名は何であろうか。南三陸、気仙沼、陸前高田、大船渡、釜石など、いろいろあると思う。それらは全て正解である。しかしある意味においては、正解のごく一部でしかない。

確かに、行政上の区分で言えば、前述したような地名に含まれる範囲だけで被災地のほとんどを網羅する。だが、「南三陸」の報道で画面に映るのは中心部志津川の町である事が多いし、「陸前高田」と言われて取り上げられるのはやはり奇跡の一本松で有名な市街中心部である場合がほとんどである。なぜか。まず、大量の建物が破壊され悲惨な光景を露呈している市街のほうが写真や映像で断然「絵になる」し、当然人口の多く集まる場所であるからこそ、そこに含まれる情報量、引いては「ネタ」も多いからであろう。要は取材の効率がいいのである。

しかし、被災地の三陸沿岸はいわゆるリアス式海岸と呼ばれるものである。そのうねるような海岸線には数えきれないほどの湾や入り江があり、その中にある一つ一つの小さな集落がすべて等しく被災地なのだ。入り江に2、3軒の民家があり、跡形もなく波に呑まれてしまっているような、そんな場所が被災地には数え切れないくらい存在する。そこまで小規模ではないにしても、一つの村や町に匹敵するくらいの所だってたくさんあるのだ。地図を少し詳しく見れば明らかなとおり、市街中心部はいかに「一部」でしかないかに驚くはずである。

こういう名もない（いや、実際はもちろん、ちゃんとした地名があるのだが）集落の被害を総計すれば、市街中心部の総量を上回る可能性だってあるはずだ。であるなら、報道に関しても同じくらいのバランスが、小さな集落にも本来振り分けられなければいけないはずである。我々ボランティアの労働力だって同じだ。もしボランティア人数の分布図みたいなものがあったとしたら、それは宇宙から見た夜の地球の光のように、極めて偏った濃淡を示すに違いない。

この空白が何を生むか。東北出身ではない人で、被災地の地理に詳しい人というのはそうはいない。いや、東北出身であっても、秋田や山形出身の人なら同じであろう。複雑な海岸線のどこに何という町があるかなどは知らないのが正直普通である。例えば、いざその見知らぬ土地へ救援物資を送りたいとする。さて、どこへ送ればいいのか。報道では前述のような「大都市」の名前がさかんに出てくる。そして、付近の大規模避難所がテレビに映る。ならば、ここへ送ればいいという考えになるのはあまりにも必然であった。

もちろん、これだけが原因ではないだろうが、結果として、「大都市」中心部の救援物資センターには大量の物資が集まり、遠方にはほとんど来ないという大きな矛盾が発生した。大きな避難所では芸能人がこれ見よがしに自分の名前で送ってくる物資に出くわしたりもする（大体、そんなのもう充分あるよという物が多いのだが）一方、遠隔地では必需品の不足が深刻になる……。現地ではそんな矛盾が確かにあった。

もちろん、自治体内部で物資を回す物流システムがなかったわけではない。そのために自衛隊も頑張っている。逆に、被災者が物資センターまで物資をもらいに行ったって通常は構わない。しかし、前に述べたように、同じ自治体内とは言え場所によっては中心部までは随分遠いのだ。車がある人ばかりではないし、ガソリンだって大変だ。もちろん物資倉庫は市内に1箇所というわけでは決してないのだが、結果として見れば、遠隔地と中心部では物量の差は歴然であった。報道各社がもっと早く遠隔地の問題に焦点をあて、その上物資の管理も行政単位だけではなく、もっと地域単位でできたなら、こういう不平等も解消できたのではないだろうか。

物資のみにあらず、もう一つの例を挙げれば、集まった義援金の金額なども好例といえよう。義援金には国や県からのものの他に、各自治体が独自に窓口を設けて集めているものがある。市や町の義援金口座にお金を振り込んだという人も多いのではないだろうか。河北新報社によると、平成23年11月時点での宮城県各市町村の義援金受付額は以下のとおりである（※気仙沼市は11月17日現在。他の市町は11月25日現在）。

［仙台市9億5466万円、石巻市9億545万円、塩釜市1億8345万円、気仙沼市6億4100万円、名取市5億3882万円、多賀城市1億6500万円、岩沼市1億2293万円、東松島市2億5996万円、亘理町1億1072万円、山元町1億1970万円、七ヶ浜町7726万円、女川町3億522万円、松島町4230万円、南三陸町6億7905万円］

この金額の違いをどう見るべきだろうか。概ね被害状況に比例しているという見方もできるかもしれない。しかし、仙台空港のある名取市と岩沼市（仙台空港を出発する飛行機は、この両市の市境を越えて離陸するのだ）は、どちらも同じように津波の被害を受けたにもかかわらず金額には大きな差があるし、事実とはいえ「被害が少なかった」と報道された松島町はご覧の通りである。七ヶ浜町は沿岸部が甚大な被害を被ったが、受付額は他市町村に比べるとやはり少ない。人口比や面積比の違いもあるであろうが、報道による「知名度」の差が大きく左右している事は否めないであろう。人々の関心が、報道量の違いによって偏ってしまう。それは、支援が偏ってしまうという事とほぼ同義であると言ってよい。

報道の空白は何も空間的なものばかりではなかった。ことさらに闇の部分をほじくり出すことはないのかもしれないが、被災地も人間の住む場所である限りきれいごとばかりではない事は言うまでもない。

先述のように報道とは「断片」であり、その断片が全体を印象付けてしまうのが難しいが、否応なく人間性の悲しい部分を見ることがあるのも被災地の現実であると、逃げずに伝えることももう少し必要だったのではないだろうか。辛いことがあっても毎日を明るく楽しく振る舞う、いわば「サザエさん」的風景がことのほか取材対象として好まれていたように思う。

今後も災害は起こる。ただ、被災者に無限の同情を寄せて、被災者の言動に非は一切ないという、いささか感情的な絶対的視点から活動を行うと、全体として誤謬に陥る可能性があるのはボランティアも報道も同じであろう。女性ボランティアのお尻をいつも触る被災者だって現にいるのだ！　だがたとえ間違った事であっても、こんな辛い目にあっている被災者の事を悪く言ったり、いわんや性悪説で見るような事は国民の良心が許さない。そういう感情は、報道だけでなく日本社会全体の「うわべの優しさ」が深く関わっているのではないかと感じる。

「このたびの東日本大震災により被災された皆様に心からお見舞い申し上げます」

現在でも、日本中ほとんどの企業や団体のホームページには、被災地を見舞う言辞がトップに掲載されている。しかしその中には、そう言うだけで何もしていない所がいったいどれだけあるだろうか。もはや、時候の挨拶と同じ定型文と化しているかもしれない。「優しくなければならない」という昨今の日本人的価値観と、復興支援に関して遅れをとるまいという意識がそうさせるのであろうが、言ってしまえば、日本人のこういう横並びの態度は当の被災者からすれば偽善としか映らないはずだ。妙な優しさが、逆に忌々《いまいま》しい。口先だけの絆など要らないのだ！

日本人は本当に優しい。だが、優しいばかりでは優しくされ過ぎた方がだめになってしまう。

尽きぬ被災者の行政への不満

被災地の復興を進める主軸の一つは言うまでもなく行政である。こと災害地域にあってはなお、行政なくして物事は進まない。こう言っては失礼かもしれないが、今まで日々平穏だった被災地の役場は、震災を境に被災者への対応に奔走する事になった。

しかし、行政の対応に不満がないという話は報道でも実際の話でもむしろ聞いた事がない。行政が批判されるのは宿命かもしれないが、それにもまして、震災という非常事態にあってはそれに追い討ちをかける事になったのも当然かもしれない。

行政サービスの提供は平等が大前提である。しかし、事情に応じて優先される人やモノが出てくる。私が思うに、多くの不満はこの「平等」と「優先」の狭間で起こる。原則平等で状況によって優先順位があるという原理は問題ないはずだ。おそらく、その運用がまずいのである。

例えばある町がガソリンの配給券を配る。平等に配りたいが、全世帯分のガソリンはとてもないので、通院などで必要度の高い世帯を優先とする。ここまではいいのだろう。だが実際の被支給者の決定は「地区」のコミュニティーに委ねる（丸投げ？）。結果奪い合いが始まる。実際にあった話だ。

瓦礫の撤去にしても平等に自治体内全域で行う。但し、その必要性から市内中心部を優先して行う。ここまでは良い。しかし中心部がなかなか片付かないからといって郊外はいつまでたっても後回し、これではいけないだろう。これも程度や限度を履き違えた運用の問題であると思う。

ここで現地で見聞きした矛盾を一つ一つ書き連ねていっても不平不満にしかならないだろう。なので、私の本分である被災者支援という観点から言って、一番問題に感じた事だけを詳説したいと思う。

自分が行政の対応で一番問題だったと明らかに感じたのは、避難所外の被災者には全くと言っていいほど支援物資が送られなかった事である。つまり行政から「避難所」と指定された避難所以外には支援の手はほとんど届かなかったのである。仮設住宅に入ったら災害救助法の対象から外れると前述したが、いわばそれと同じ扱いという解釈になるのだろうか。

被災地には自宅を失っても親戚、知人の家などに身を寄せて、或いは自力でなんとか屋根を確保して、苦しい生活を続けている人が驚くほどたくさんいた事が、実はあまり知られていない。境遇としては、指定避難所に入っている人と何ら変わらない、住む家を失った人たちだ。にもかかわらず、行政の世話にはならず自力で頑張っている被災者なのである。たとえ親戚であっても肩身が狭いに違いないし、受け入れた家にしてみれば実際に居住者が増えたのだから食料などは震災前よりさらに必要になる。そういった場所は、言うまでもなく実質的には完全な避難所である。

先のゲリラバザー作戦では、私は指定避難所だけを回って充分だと思っていた。だが、そうではなかった。本当に物資に困っている人は、もっと他の場所にいたのだ！　どんな理由をもってしても、そこに支援をする必要はないという理由はありえない。だが信じがたいことに、自治体の中心となる避難所には有り余る物資がうず高く積み上げられている一方で、個人的に避難している家庭などにはほとんど支援物資は回らないという状況が現実としてあった。

確かに在宅避難者が避難所に物資をもらいに行く事はできる。しかし、実際にはこれがなかなか行きにくい。何百人も入所していて職員もいる巨大アリーナの避難所まで足を伸ばせる人ならまだしも、近くの一般的な中小規模の避難所の顔見知りの所へ「物資分けてください」と行くのは誰だって当然気が引ける。「家があるくせに」というような目で見られる事がたとえなくても、そう感じてしまう人はいるだろう。

私が思うに、少なくともこの震災において行政が考える平等とは、行政側が予め定めた範囲内での平等でしかないのであろう。万事がそうだとは言わない。しかし平等は範囲を決めた中での平等、というのであれば、その線引きを間違えると平等には程遠くなる。現実には自治体によって、義援金の支給開始日も違うし、被災者の生活に重要な被災証明、罹災証明の発行などに対する対応の良し悪しも様々である。制度を上手く運用して、仮設に入居後もしばらく物資の供給を続けた自治体もあれば、早々に打ち切った自治体もある。もっと言えば同じ全壊家屋でも自治体によってもらえる義援金は全然違うし、利府町などは独自の義援金の募集も取り止めた。これらの事をつぶさに調べれば、それだけで1冊の本になってしまうだろう。これが果たして「平等」といえる状態なのだろうか？

法律にはその適用の範囲があり、その法律に基づいて行われる行政サービスもまた同様である、という考えからすれば、むしろ私の言い分の方が暴論という見方もありうる。しかし、そのような被災地の現実を見ていると、そうは言えないような気がしてならない。果たしてそのままでいいのかと思わざるを得ない。

理論と現実が食い違うなら、理論が間違っているのが経済である。であるなら、対象と運用が噛み合わないのならそれを変えるべきなのが法とは言えないだろうか。ちなみに、災害救助法が制定されたのは昭和22年である。

とはいえ被災地の公務員も被災者である。ある町の役場ではその職員の半数ほどが津波に命を奪われた。さらに多くの方が亡くなった自治体もあると聞く。住民を守るためにある方は警報を鳴らし、ある方は避難を誘導しながら。自らも被災者でありながら、地元の復興に奮闘する職員Aさんの手帳に、亡くなった同僚たちの名前が刻んであるのを見せていただいた。ご遺体が見つかった方には○が付されているが、それもまた半数程度であった。
少ない人員で膨大な業務を処理している。これもまた被災地の役場の現実なのである。

温泉でお背中ながしましょ

辛くて苦しいばかりが災害ボランティア活動ではない。ボランティア即ち瓦礫撤去をイメージする方が多いかもしれないが、復旧支援から生活支援へと移り変わる過程において、必ずしもそういう作業ばかりではなくなっていったことは何度か述べた。震災復興支援は決して1年では終わらない。今後数年を掛けて継続していかなくてはならない仕事である。今後も一人でも多くの人に被災地（この呼び方は、そろそろ終わりにするべきなのかもしれない）へ足を運んでもらうためにも、楽しいボランティア活動の一幕をご紹介したい。

この日の活動はいわゆる「温泉送迎」である。被災地から内陸部の入浴施設までの足を提供するのだ。被災地は言うまでもなく車が不足している。しかし、たとえ車があったとしても、お年寄りが一人や二人でわざわざドライブしてまで温泉に行こうとはなかなか思わない。けれど、みんなと一緒なら行こうかという事にもなるだろう。被災者に娯楽を提供することは大きな精神的支援になるだけでなく、入浴で健康増進してもらえればまさに一石二鳥である。

出発すると程なく、バスの中は飲めや歌えやで大賑わいになる。バスの中を盛り上げ、雰囲気を和ませるのもボランティアの役目だ。ここで活躍するのはやはり男性より女性だろう。我先にと歌いだすわけにもいかないお年寄りに代わって、カラオケのトップバッターを務めたり、おじいちゃんの隣に座って、「まあまあまあ」とお酒を勧めたりする。もちろん、おじいちゃんも若い女性に酌をされれば悪い気はしない。

とはいえここは被災地、まだまだそこまで賑やかな気分ではなさそうな方もいる。こんな人にはお話をいろいろ聞いてあげるのが一番いい。どなたも極限の体験をして、乗り越えた人たちである。次世代の、また被災地以外の人間に聞いてもらいたい事、伝えたい事は誰でも必ず一つや二つ持っている。

普通のバスツアーなら添乗員かバスガイド一人でこなす接待を、時には五人も六人もの人数で行う。至れり尽くせりとまではいかないかも知れないが、話が弾んでバスの中は到着まで終始明るい。

向かった先はとある温泉入浴施設。平日の昼前だし、幸い大浴場はすいているようだ。我々も足の悪い方が滑って転んだりしないように脱衣所でもお世話をする中、待ってましたとばかりに皆裸になっていく。ここに来るという事は、自宅や避難所ではまだ満足に入浴できないという事だ。肩まで浸かると漏れる一声はいつになく大きい。

全員が入浴すると、我々スタッフはとりあえず一息つく時間になるが、一緒に入りたければもちろん入っても構わない。むしろそれは奨励される。

汗を流して湯船に浸かっていると、遠くからお声が掛かった。もう、かなりお歳を召していて、体も不自由な方だ。スポンジで体を擦るその仕草は、痛々しいほどに弱々しい。

「背中を流してくれないかな」

生まれて初めての三助体験。普段この人は背中をどうしているのだろう。今自分が落としている垢が、もしかしたら3月11日のものかもしれないとふと思った。

お風呂から上がったら「お茶っこ」の時間だ。東北へ行った人ならたぶん一度は聞いた事がある言葉だろう。人が集まって、お茶を飲みながら談笑する。これがお茶っこである。コミュニティーの絆が強い東北では日常の欠かせない一幕であるし、仮設住宅などでも頻繁に開催（というほど大掛かりなものでなくても）されている。だからこそ、ちゃんとした名前まで付いているのかもしれない。

座敷を借りてしばらく和やかに過ごす。ここでも聞き手は大変重要な役目である。しかし、お父様方が揃って風呂上りとなれば、いつまでも文字通りのお茶っことというわけには当然いかない。むしろお茶などそっちのけで、はなから「おちゃけっこ」になる。そんなほろ酔い気分の口々から聞かれる話は、ボランティアにとっては新鮮で驚きなものばかりだ。

帰りのバスは往々にしてお休みタイムになる事が多い。「ではまた！」と別れ際に言いながら、もう次回は来られないかもしれないし、来られないと分かっている時もある。我々にしてみればこれで一つの仕事が終わりになるが、被災者には長い長い復興への道のりが途切れる事なく続いている。

見棄てられた被災者

繰り返し触れたように、実質的には完全な避難者であるものの、支援の対象から外れて孤立無援の生活を余儀なくされている人が被災地にはたくさんいた。放っておいても行政がなんとかしてくれるわけでもないし、病気などで緊急を要するような場合もある。夏も近くなったある日、車で沿岸部を回りながら、そんな窮状の人たちを見つけ出してなんとかしようという活動が行われた。損壊している所もあるとはいえ普通の一般家屋であるし、SOSの旗が出ているわけでもない。頼れるのは己の目と耳と勘だけだ。もし困窮している人が見つかれば、リストアップして継続的な支援を検討しなければならないし、その場で必要な物があれば、渡せるような物は渡していく。

まずは車を流しながら、目を使って「ヤバそうな」家を見つけていく。しかし、必ずしも家というわけではない。人が雨風をしのげる屋根があれば、その可能性はある。しばらく車を進めると、間口も広く、構造的に「大広間」がありそうな1軒家を見つけた。小さな集会所くらいなら兼ねられそうな家である。こういう所は目立つのですでにどこかの支援が入っている可能性も高いが、そうでなければ「大当たり」の可能性もある。

「こんにちはー」

そっと遠慮がちに声を掛ける。第一印象、そして初めの一言が非常に重要だ。被災地の家庭は復興絡みの何やらかにやらで来客は多い。押しかけボランティアの対応にうんざりしている被災者だっている。怪しい者ではないが、怪しいのだ！ 最初はほぼ100パーセント警戒されてしまうので、まごついたりしていると、「結構です」と拒絶されてしまう。いかに端的に訪問の目的を説明して、理解してもらうかが鍵となる。

「私たちは在宅避難で物資などにお困りの方への支援をしています。何か緊急的に必要な物などございましたらお力になれるかもしれませんが、いかがですか？」

言葉尻はどうでも構わないが、誠心誠意、そして緊急の必要性から聞いていくのがポイントだ。必要な物は言い出したらいくらでもあるのだから。

「いや〜幸いうちはある程度物資もいただいてますので」

この方の言葉や雰囲気に差し迫ったものは感じられない。廊下にはミネラルウォーターがずらりと並んでいる。どうやら大丈夫そうだ。空振りで良かった。

次に勘をつけたのは、とある普通の家だが、家の大きさの割には洗濯物など生活感がやや著しい。訪ねてみる事にした。

「うちには親戚が3人ほど避難して来てましてね……」

当たりだ……。案の定支援物資は全然来ていない。健康状態も良く緊急性はないが、日用品が不足して困っているとのこと。茶碗や皿などの食器を始め、洗剤やスポンジなど台所用品が底をついているそうだ。そんな物だったらすぐにでも届けられる。

ここで今度は耳を使って、

「この辺りで、どこか同じようにお困りのお宅はございませんか」

と情報収集を行わなければならない。

「ほれ、道の向こう側のあの家にも避難してる人がいるみてぇだけんど」

貴重な情報だ。翌日以降の再訪を約束してこの家をあとにした。

またしばらく車を進めると、おかしな看板を見つけた。「←避難者あり」とある。これは被災者からのＳＯＳ信号と言ってよい。非常に稀なケースだ。細い道をかき分け訪ねてみると、そこは小さな浜を見下ろす１軒の民宿だった。目の前を少し下ったところは豊かな三陸の海、震災前はさぞかし美味しい肴を振舞っていたに違いない。看板を立てたのが功を奏して、我々が初めての訪問ではなかったが、状況はかなり切迫している。とにかく食べる物が底をつきかけていたのだ。

この民宿には家を失ったご近所の方たちが10人ほど避難をしていた。あの日から、この民宿のご夫婦の賄いで全ての避難者の命を支えていた。震災直後は、近くで強盗事件が発生したらしく、避難者がいる事さえしばらく隠していたそうだ。電気もなく余震も続く中でじっと息を潜めて救護の手が届くのを待った。しかし、電気がなければ携帯すら使えない。瓦礫の中で移動手段もなく、周辺の情報から完全に孤立して陸の孤島となった。1ヶ月ほどが過ぎて、ついに例の看板を少し離れた幹線道路沿いに出した。救援が来たのはそれからだった。しかし、我々が訪れた時点でも、定期的な物資の支援などないし、まさに綱渡りの生活だ。声を詰まらせ苦難を語る女将さんの目から、落涙が途切れる事はなかった。一緒にいた女性ボランティアで、涙なしにこの話を聞ける者もいなかった。

今度は道路沿いに一つのプレハブ小屋を見つけた。見つけたというのは正確ではないかもしれない。普通の資材置き場か何かだろうと思って最初は通り過ぎてしまったのである。しかし、やっぱり何か気になって車を止め、30メートルほどバックさせた。

良く見るとやっぱり人が住んでいる。車を降りて近づいていくと、一人は奥へそそくさと隠れていってしまった。「また変なのが来た」と思われているに違いない。しかし聞いてみると、この「家」、すべて震災後の自作らしい。まずは関西へ行って軽トラックを購入、砂利を買って自分の土地に敷き詰め、プレハブを買ってその上に建てた。仮設トイレも買ってきたし、電気まで自分で引いたそうだ。確かにトラックのナンバーが「滋賀」になっている。ここまで行動力のある方はめずらしい。話し込んでいるうちに、隠れてしまったおばあさんも出てきてくれた。どうやら警戒が解けたようだ。一転、救援物資の届かない現状と不満を打ち明けてくれた。

「震災後からもらった物資はカップ麺が1回と消毒液が1回だけよ。区長さんがどこかからもらってきたのを分けてくださったの」

こんな感じで活動を続けていっても、「発見」できるのはせいぜい一日に4、5軒がいいところだ。しかし行政の支援が回り切らない以上、こういう地道な作業を続けていく他はないのである。

密着避難所生活2泊4日

夏に入って程ない頃、私は被災地沿岸部のとある避難所にいわば住み込みでお手伝いをする機会を得た。すでに仮設住宅に移っている人が多い中で、なかなか抽選に当たらず、あるいは建設が間に合っていなかったのかもしれないが、とにかく長い期間をすでに避難所で過ごしている人たちとの共同生活である。短い間ではあったが、そこで見えたものは長い避難所生活にもかかわらず、明るくたくましく復興に向けて生きる被災者たちの偽らざる素顔であった。

避難所の朝は驚くほど早い。当然ながらお世話をする立場のボランティアの起床時間はさらに早い。毎朝、4時半には一つまた一つとボランティアの目覚まし時計やら携帯やらが朝を告げる。眠い目を擦りながら、5時には作業開始である。

朝起きてまずやるのはお湯を沸かす事である。避難所の外にある釜戸に火をおこし、大きな釜のお湯を沸かすのだ。時間はかかるが、今日一日の、みんなの大切な飲み水（お湯）になる。続いて掃除。正確な人数は聞かなかったが、おそらく100人くらいが寝泊りしていたと思う。従って結構広い。体育館掃除に使うようなモップで隅々まで拭き取っていく。これが終わる頃には6時半くらいにはなってしまう。朝食まであと1時間ちょっとだ。

次に待っている作業はトイレ掃除である。避難所のような共同生活ではノロウイルスのようなウイルス感染は非常に怖い。よってトイレ掃除には気をつかう。清掃だけでなく、消毒殺菌も行うのだ。といってもそれほど大掛かりにできるものではないが、ガーゼや脱脂綿に消毒液を染み込ませ、大小両方の便器の周囲を拭いていくのである。一番念入りに拭くのは、人間の手の触れる所。つまり、便器の水流しボタンやレバー、それから手洗い場の蛇口の栓、さらにはトイレのドアのノブである。こういう部位を介してウイルスは人から人へ拡がっていく。最も気をつけなければいけないポイントだ。1箇所トイレ掃除が終わったら、使用した手袋もその場で捨てる。使い回すと、汚染した手袋で館内のどこを触ってしまわないとも限らない。

トイレ掃除が終わる頃には朝食の準備が進んで味噌汁の香りが漂ってきたりもする。幸い、食事の調理は避難しているお母さん方の役割だ。その頃には入所している人たちも皆起きて、テレビを観たり新聞を読んだりしている。7時半過ぎにはお待ちかねの朝食タイム。すでに2時間半働いているので腹も減る。しかし、もちろん我先にと手を出すわけにはいかない。頃合を見計らって、おこぼれに与《あずか》るのである。

学生たちが学校へ出発し、館内が一しきり静かになったところで、我々の仕事が本格的に開始になる。まずは朝礼で一日の作業の割り振り、注意点、その他避難所全体に関する共有事項などが発表される。我々の仕事は避難所内で発生する様々な力仕事が主体であるが、日によっては周辺の集落の瓦礫撤去やテント設営に赴く時もあるし、敷地内外の草むしりなどもあったりする。

この日の注意点は炊き出しがある事であった。東京のハンバーガーショップが機材一式と共にやってくる。炊き出しがある日は昼食の調理はない。お母さん方にはなお嬉しい炊き出しのプレゼントである。

避難所で求められる力仕事はいろいろだが、この日は薪割りと片付けだった。東京からボランティアセンター経由で来た男性三人組も加わって、山と積まれた薪を手頃なサイズに割っていく。しかし、道具も数が少ない上にもう歯が欠けてボロボロだ。大人数でやっても効率は上がらなそうだ。東京の三人衆にお願いすることにして、我々は片付けに入ろう。避難所の一角に、バケツやシャベルなどの作業道具から三輪車や鍋釜まで、ありとあらゆる不要物がまとめられてブルーシートで覆われている。これを使える物は使える物に分けて、捨てる物は捨てに行く。ブルーシートを剥がすと、無数のゲジゲジやダンゴ虫がクモの子を散らすように逃げていった。

入口近くでは、炊き出しの準備がすでに始まっている。片付けが終わる頃には我々もハンバーガーにありつけるだろう。

避難所の生活はもちろん、外から来る援助物資によって支えられている。毎日昼食が終わる頃、自衛隊のトラック1台が、物資を満載してこの避難所にやってくる。中身は日によって様々だ。野菜や果物などの生鮮食品からペットボトルのミネラルウォーター、インスタント食品などなど。この荷物降ろしから搬入までの作業は、毎日行われる日課であった。自衛官も我々ももう慣れているので、作業はスムーズだ。バケツリレー方式で次々と物資を荷台から運び出す。このリレーには、自衛官もボランティアもない。ボランティアもトラックに乗って、一緒に働く。尊敬すべきプロフェッショナルたちとの共同作業は何とも言えない充足感がある。作業時間そのものは15分程度であろうが、どんな物資が来るのかなという興味も相まって、いつしか私はこの時間を楽しみにするようになっていた。そう、世界各国の応援物資がメッセージと一緒に届く事もあるのだ！

続いては水だ。これも日に一度給水車がやってくる。必要になる大量の水を給水塔に注入するのはそれなりの作業になる。原動機を使って汲み上げはするものの、数人掛かりで分厚いホースを支えていなくてはならない。しかし、これだけの水を補給するにもかかわらず、風呂用の水だけは別なのである。これは、ボランティアが汲みに行かなくてはならない。必要になる小型トラック一杯分の水は、近くの湧き水から運んでくる。狭い山道を走っていくと、清水がこんこんと湧き出るポイントがある。これをトラックに載せたタンクに汲んで、さらに風呂場の水タンクに汲みかえる。これで、今夜も皆が汗を流せる。

一方、女性ボランティアたちは館内で子供たちのお守りを担当している。絵本にブロック、お人形さんまで遊び道具はそれなりに揃っている。いかに子供と仲良くなって、親御さんからも安心して子供をまかせてもらえるようになるかが腕の見せどころだろう。もちろん、力仕事を手伝ってくれる強者も少なくない。

いわゆる炊事、洗濯、掃除という家事の三本柱の中で、ここでは一つだけないものがある。消去法で答えは出ているが、洗濯がそれだ。水道の復旧率はこの時点でも僅か数パーセントで、洗濯用の水が確保できないためだ。これも主にお母さん方の仕事になるが、昔話のように川に洗濯に行く事もあるし、あるいは車を走らせ、登米市のコインランドリーまで赴く事もある。

そろそろ作業の時間も終わりだ。東京から来た方たちにも、薪割りを終えていただかなくてはならない。ところが、三人ともどうにも浮かない顔をしている。聞いてみれば、皆休みを取ってこの日一日だけのために東京から宮城まで来たとの事。高い交通費まで払って、一日薪割りをして帰るというのはどうしても不本意だという。作業がきついのが不満なのではない。瓦礫の撤去とか、被災者と触れ合う仕事とか、もっと直接的に援助を実感できる仕事がしたかったという事なのだ。その悔しい気持ちは本当に良く分かる。本当に申し訳ないが、こういう事もあるのがボランティア活動だとしか申し上げようがない。東北に来る人は、皆それぞれの思いを胸に秘めてやってくる。それが裏切られた時の失望は限りなく大きい。ゴールデンウィークの時には、「何で仕事がねーんだよ！」とボランティアセンター職員に食って掛かったボランティアも多かったと聞く。こういうミスマッチは少しでも減らしたいが、無償奉仕という性格上、どうしても割を食う人が出る。彼らはもう二度と災害ボランティアになど参加してはくれないかもしれないし、「行ったら最悪だった」という旨の感想を、東京の知人たちに語る事にもなるだろう。

夕食の準備は既に始まっている。お母さん方にとっては一日で一番大変な仕事だ。今夜のメニューは何だろう。とても楽しみだ。

さらに館内ではボランティア理髪師による散髪サービスが行われていた。床にブルーシートを敷いて、高めの椅子を持って来れば「床屋」のでき上がりである。もちろん、あまり高度な技術要求にはお答えできない。一人でも多くの人にできるように、基本的には「カット」の範囲内でのサービスだ。こうして避難所や集落を渡り歩いて、二人で一日に100人ほどのカットをこなしているのだという。

お待ちかね夕食の時間だ。この日は皆の顔がひときわ明るい。なんと献立に、マグロの刺身が出たのだ！　超豪華ディナーに皆若干、興奮気味である。もとより港町、魚食への依存度は極めて高い。しかし、震災後は新鮮な魚など望むべくもなくなった。おにぎりをかじりながら、「魚が食いてぇなぁ」が多くの人の口癖だったそうである。この日が初めてというわけではないだろうが、一口一口かみ締める喜びがあるに違いない。

入浴の時間はまるで修学旅行のようにきっちりと決められている。居候のボランティアたちはもちろん最後だ。しかし、こういう時間は後ろに押すのが常である。ボランティアの時間は8時半からという事になっているのだが、だいたい8時45分くらいからになる。しかし、その分後ろが延びるわけではない。9時には完全に入浴を終了しなくてはいけないのだ。

入浴といっても湯船にお湯はない。昼間自分たちが汲んできた湧き水が、お湯となってシャワーから弱々しく流れ出るのを浴びさせていただくのである。

消灯後は自由時間だ。一杯やりたい人はやったっていい。しかし、酒など相当遠くまで車で買いに行かなければ手に入らないのだから、そういう意味では貴重品と言えた。何よりまた次の日は4時半起きである。夜更かししてまで呑みたいという人はあまりいない。

次の日の作業は、午前はテント設営、午後は瓦礫撤去だった。ボランティア男の場合、朝昼晩ともにご飯は強制超大盛りだ。これもお母さん方の優しさである。

この日もお昼に炊き出しが来た。二日連続で炊き出しがある事は珍しい。メニューは焼き鳥である。焼き鳥だけではお昼ご飯としては少し寂しいので、お母さん方はご飯と汁物の調理に勤しむ事になった。

この避難所のすぐ隣にも仮設住宅がある。炊き出しには仮設の入居者もほとんどやって来るので長い列ができてしまう。中には仮設から夫婦で来て、まず夫が、「10人家族です」、続いて妻が、「10人家族です」、なんて言う人もいる。

もちろん、人間社会ならどこにでもこういう人はいるだろうが、職員さんやご近所さんが見たら一発でウソだと分かる。炊き出しに来る方も、必要な分量は計算して持ってきているわけだし、しかも全て自腹なのだ。

「すみませんが……」と遮るのはお互い非常に不愉快なのは言うまでもない。

思うに、仮設住宅と避難所が併設されているのは、便利な事も多々あるに違いないが、仮設入待ちの避難者にとっては、精神衛生上あまり良くないのではと感じる。どうしたって羨望の目で見てしまうし、こういうちょっとした事が引き金となって、新たな確執を生む事にもなりかねない。仮設住宅が、避難所の人から「マンション」と呼ばれている地域だってあるのだから。

午後の作業を終えて帰ると、ボランティアマッサージ師による指圧サービスが行われていた。話を聞くと、とにかく被災者の体のコリが半端ではないらしい。長く続く瓦礫撤去などの肉体労働で確かに筋肉も付いているが、疲れがそれを上回っているとのこと。予想通り、このサービスは大変な盛況だ。若い中高生まで、プロの技に酔いしれている。マッサージ師さんも大変だ。このまま何時間も続ければ、プロとはいえ指や手も相当疲れるだろう。

その夜、マッサージ師さんからの相談を受けた。大阪の人だった。致し方ない事なのかもしれないが、日本では西へ行けば行くほど、復興支援への関心は一般的に低くなる（兵庫は例外であろう）。彼は復興支援従事車の高速道路無料通行申請のため、居住する自治体へ赴いたところ、その役場にはそれを分かる者がおらず、結局発行してもらう事ができなかったという。そして、わざわざ京都府の申請可能という自治体へ行って、代わりに発行してもらって東北まで来たそうだ。被災地の現状を見て、今後も仲間を連れて継続的に支援を続けていきたいという。今回は紹介でこの避難所に来たが、今後はどこでどう活動の手を拡げていったらいいのか見当が付かないらしい。私はそこに居合わせた、在宅避難者への支援を手広く行っている団体の担当者を紹介する事にした。双方の連絡先も聞いていないのでその後どうなったのか分からないが、彼らが繋がった事によって新たな活動が生まれたと信じている。輪を繋げることによって、支援は倍、倍と大きくなっていく。

三日目は一人館内でパソコンに向かってデスクワークに励む事になった。この日は女性ボランティアがいないので、子供たちも手持ち無沙汰らしい。三人組の男の子が、私が遊び相手になりそうかどうか、様子を探りにくる。

「こら、仕事してる人の邪魔しないの！」

同じ入所者のおばさんに早速怒られた。

「すみません！」

「あやまるだけだったら誰だってできるわよ！」

「じゃあ自分で殴ります！」

と叫んで自分の頬に平手打ちを喰らわせた。

「まったく芝居上手なんだから！」

「1回じゃ足りない！　もう1回！」

と自分で言って、2回目の平手打ちを反対の頬に当てた。

私の方は彼らの相手をしながらでも一向に構わなかったが、ここを潮時と見た三人組は、刀代わりの棒切れを振り回しながら去っていった。

東京のような都会に、こんな素朴な情緒が今でも残っているだろうか？　思い切り騒いで遊ぶが、怒られれば素直に従う子供たち。騒ぎもしないが言うことも聞かない子供が都会では増えていないだろうか？　そして、地域の子供を地域ぐるみで世話する風土。他人の子供を叱るなんて、怖くてできないのが都会に住む人の正直なところだろう。同じ屋根の下ということを差し引いても、今の日本で失われつつある地域の絆を垣間見たような気がする。

午後には今度は歯医者さんがやってきた。ボランティアなのだろうか、それとも巡回の仕事なのだろうか。

「ギギャァァァァアアアッッー!!」

女の子の悲鳴が館内に響き渡った。かなり本格的な治療をしているようだ……。ここでは皆それぞれができることを出し合って、被災者の命を支えている。

いよいよお別れの時が来た。二泊三日、その前の日も日帰りで来ているので計四日間の滞在だった。短い間だったが、顔見知りが何人もできた。

「ここは一日働いたらもう仲間だから。またいつでも来なよ！」、そう言って見送ってくれた。誰でもウエルカムじゃないんだ……、それが逆に嬉しかった。

人それぞれ悩みも苦しみも持ち合わせながら、明日に向かって精一杯生きている。使い古されたような陳腐な言葉だが、そう表現するのが一番相応しい、と本当に思える人たちであった

思い出アルバムが持ち主に帰る日

津波にさらわれた町を歩いていると、ふと道端に置いてある物に気づく事がよくある。落ちているのではなく、明らかに人為的に置いてあるのだ。思い出のアルバムや、個人のスナップ写真である。誰かが瓦礫の中で見つけ、もし持ち主が見つけてくれたらと、一縷の望みを託して見つかりやすいように道の端に置いていくのだ。

震災直後、全てを失った被災者が自宅のあった場所の付近で、何か思い出の品はないかと瓦礫の中を探す光景は報道でも涙を誘った。そんな人たちにとって、写真は何よりの思い出の品に違いない。この写真を集めて持ち主に還そう！　という運動が起こったのは必然であったと思う。最初はどこかのＮＰＯが始めたと記憶している。同じ活動はあっという間に被災地全域に拡がり、社協のボランティアセンターでも「写真拾い集め係」は定番の作業になっていった。

私自身は経験する機会を持たなかったが、写真拾い集め係は索漠とした被災地を歩き回り、時には瓦礫を掘り起こして、被災者の思い出の写真を拾集《しゅうしゅう》する。彼らの活動もあって、道端の写真は日が経つにつれ、目にする事が少なくなっていった。

とはいっても、集めた写真が原型を留めている事はまずない。塩水や泥をかぶって痛み、変色している。これを洗って、乾かし、少しでも元の状態に近づけてお返ししようという活動が始まったのもまた必然であった。ボランティアセンターの中には、ゴム手袋や雑巾と並んで写真が大量に干してあるのが風物詩のようになっていた。もちろん、ボランティアセンターだけではない。数々のNPOが同じ活動を行った。NPOならではの機動力で、大手フィルムメーカーの技術提供なども受けて緻密な復元作業を行っているところもあったと記憶している。

そうした何千枚もの写真が、満を持してついに公開される事になった。私も無関心ではいられない。仕事の合間をぬって、早速行ってみる事にした。

この町の「思い出の写真展示会」はとある廃校で行われていた。いまだにこんな校舎が残っていたのかと思うほど、まさに尋常小学校そのままだ。運営もボランティアによって行われていて、車で近づくと、誘導係のボランティアが立っている。言われるままに車を進めて辿り着いた駐車場には、すでに多くの車が停まっていた。

中はひっそりとしていたが、この校舎を選んだのは正解だなと思った。古い壁、木の床、思い出の品を飾る場所としては、調和が取れている。

「あいさつで　心がふれ合う○中生」という標語の看板も掲げられたままだ。割と最近まで使われていた学校なのだろうか。

館内はまさに写真で一杯だ。教室の床、壁、黒板、スペースのある所には隙間なく写真が飾られている。教室だけではない。廊下にも、所狭しとアルバムや写真が並んでいる。この町だけで、これだけの量の写真を集めて、洗って、乾かして、運んで、並べたのか……。数にして千単位なのか万単位なのかも良く分からない。しかもスナップ写真は一枚一枚ビニール袋に収められている。随分多くのボランティアの苦労があったのだろう。写真だけではない。館内はありとあらゆる「思い出の品」が並んでいる。トロフィー、年賀状、賞状、色紙、修学旅行のしおり、学習帳、卒業証書、アルバム、文集、プリクラ、ランドセルなどなど。そして多いのが、位牌、遺影だ。

一つ一つの写真を見ていくことなど到底できないが、日々の何気ないスナップから、結婚式の集合写真まで様々だ。やはり残念なのは、多くの写真が色あせて変色し、部分的に完全に消えてしまっている事である。これだけの笑顔の中にあの日命を落とした人がどれだけいるのだろう。また感情移入が始まってしまう。

「あぁっ、あったぁー！」

私のすぐ後ろで女性が叫んだ。1枚のスナップ写真だった。自分の写真を見つけたら、近くの運営ボランティアに申請して名前を記入すれば持ち帰る事ができる。女性は感無量といった様子でしばらく立ち尽くして写真に見入っていた。その写真の横にあったはずの、他のスナップのことも一緒に思い出しているのだろう。

私が訪れたのは約1週間にわたる第1回目の開催の、最終日だった。あと数時間で第1回が閉会になるが、これだけの量の写真を見ると、やはり被災者の元に無事帰った写真はごく一部と言わざるを得ないようだ。この町で見つかった写真は全てここに集められている。スタッフに聞いてみると、やはり遠くて見に来られない人が圧倒的に多いのではないかという事だった。物資と同じ事である。

しかし、写真から持ち主が判明する事は大いにあり得る。名前が入っているものだってあるし、学校の思い出の写真なら、ジャージや制服に名前が縫い付けてある事だってあるのだから。すぐには無理でも、いつかは多くの持ち主が判明する時が来るような気がする。次の年くらいには、「持ち主調査」のボランティア活動が生まれるかもしれない。

「時を変え場所を変え、これからも公開していきますよ」

とボランティアスタッフは決意を語った。1枚でも多くの写真が持ち主の手元に帰ることを願って止まない。

第3章　それぞれの想いでボランティアへ

それぞれの想いを託した小学生の手作りの雑巾（2011 年 5 月）

これまで、私の体験や見聞から得られた被災地の話をずっと綴ってきた。しかし、筆者の僅かばかりの活動から得られる見聞だけを綴ったのでは1冊の本としても片手落ちであろう。当然のことながら、復興支援ボランティアに携わった人たちの中には、多種多様な経歴や専門技能を持つ人もいるし、またそれ故に現地での活動内容も様々である。

今回、私が被災地で出会った「この人は」という方々に、ご協力をいただいてインタビューを行い、自身の活動をいろいろと振り返っていただいた。ここでは、そんな様々なボランティアたちの実際の活動や心の葛藤を紹介して、より多角的に生の災害ボランティアの姿を捉えていただければと思う。

お断りしておきたいのは、専門技能を持つ人もいるが、いずれもボランティアに関しては素人である。プロや専門家は一人もいない。加えて、私の筆を通すことによって真実の姿が「曇りガラスの向こう」のようになってしまっている個所もあるかもしれない事を、お詫び申し上げておきたい。

学生ネットワークを活かして〜大学生・早奈さん

石巻で出会った早奈さん（仮名）は、都内の大学に通う大学4年生である。震災がなければ普通に大学生活最後の1年を過ごし、社会へ出て行ったに違いない一人だと思う。もともと環境問題に関心があった早奈さんは、棚田や森林再生のためのボランティアなどに参加はしていたが、ボランティア活動に没頭していたというわけではなかった。3月11日の大地震は、彼女自身の大学生活をも大きく変えることになった。このあと早奈さんは、学生だけが持つネットワークを活かし、被災地への多くの学生支援の輪を生む活動を始める事になる。

それまでの早奈さんのボランティア活動は、環境保護が目的とはいえ、自身の関心や経験のためという側面も半ばあった。しかし、報道で被災地の惨状を見て、彼女の中に湧き上がったものはこれまでのものとは全く違っていた。上手くは言えないが、とにかく何かできることをしようと、いてもたってもも居られなくなった。これまでむしろ「take」だった早奈さんのボランティア観が、完全な「give」に変わった。大学で科目登録や授業が始まりだすのも省みず、被災地へと向かった。

それから5月まで、早奈さんは月日の半分を石巻で過ごした。1週間行っては1週間帰っての繰り返しだった。店舗や自宅の泥出しをする事もあれば、炊き出し調理のリーダーとしてボランティアセンターのキッチンを取り仕切った事もあった。有り合わせの食材の中からメニューを考え、一日千食もの炊き出し調理に関わった彼女のモットーは、「食糧でなく、食事」。家庭で作ったり、給食で出されるいつものメニューを被災者に届ける事だった。パンとおにぎりが続く石巻の被災者に、温かい食事という希望を送り続けた。

そんな5月のある日、東京に戻った早奈さんは被災地をテーマにした大学の講義に出た。彼女がショックを受けたのは、他の学生の被災地への無関心だけではなかった。関心はあるものの、実際にどこでどう行動を起こせばいいのか見当も付かないために、結局何もできないでいる多くの学生たちの姿であった。いわゆる草食系男子と言われる人たちも含まれていただろう。たくさんの被災地を見てきた自分に、できる事が分かったような気がした。

この、何かをしたい気持ちはあっても自分から行動できない人たちを、被災地支援の情報と結びつける事によって、新たな支援の輪が生まれるはずだ。早奈さんは確信した。早速仲間を募り、一つの活動を始めようと立ち上がった。

ボランティアを経験した学生を集めて大学内で伝え、共に考えるための場（ワークショップ）を開催し、ボランティアの必要性や現状、体験談を学生目線で訴えていくという活動だ。早奈さんはワークショップ実現のために毎日大学側との折衝に奔走する事となった。決まった名前は、「被災地×学生つなぎ隊」。学生の、学生による、学生のための支援。

その目的は、学生のネットワークを活かして一人でも多くの学生を被災地支援と繋げる事。早奈さんの尽力と思いは実り、6月には第1回のワークショップが上智大学で開催され、13の大学から20人以上の学生が集まった。グループ討論ではボランティア経験者と未経験者が一緒に被災地との関わり方を模索し、その上で様々な被災地の受け入れ団体を個々の学生たちの予定や事情に合わせて紹介していったのである。この活動はテレビやインターネットでも紹介されるところとなり、中学校の公開講座でボランティア活動について講演を行ったりもした。

「一歩を踏み出すことが大事だと分かった」

「モノとかお金を送るだけじゃなくて、実際にヒトが行く事が大事だと分かった」

そう言い残して、早奈さんたちによって「繋げられた」多くの学生が、被災地を目指していった。

その後、彼女はまた一人のボランティアとして、被災地を訪れた。様々なボランティア団体を通して漁業支援や仮設住宅への訪問をする傍ら、いつか災害時に真っ先に被災地入りして支援を展開するための、リーダー養成講座を受講していた。テントの建て方から安全管理、応急手当の実際、炊き出しのノウハウまでを現場で学んだ。

この春、早奈さんは一人の会社員として社会に出た。しかし、彼女の中に宿るボランティア精神と救援活動のノウハウは、願わくばあってほしくない「次」の時に、海神のように目覚めるだろう。

被災者のコリを少しでも〜マッサージ師・木の子さん

都内の整骨院で働くマッサージ師の木の子さん（仮名）は３月11日、その整骨院でいつものように患者さんの患部をもみほぐしていた。これまで、ボランティア活動などというものには全く縁のない人生だった。かつて阪神大震災の時、活躍するボランティアたちを見て自分も行こうかと考えた事はあった。しかし、実行には移せなかった。いつしかそんな事も忘れて、長い時を過ごしていた。

同じ整骨院に気仙沼出身の同僚がいた。あの日、木の子さんはその同僚と一緒に食い入るようにしてテレビの報道に見入っていた。同僚は携帯から何度も気仙沼の実家に連絡を試みた。しかし、全く回線が繋がる事はなかった。テレビ画面の向こうの出来事が、木の子さんにも我が事のように思えてきた。

その夜、全てが止まった東京から、所沢まで8時間歩いて帰宅した。次の日から、仕事に出る事もできず、来る日も来る日もテレビの報道を見て過ごした。計画停電で真っ暗になった部屋の中で、怖くなって泣いた。布団にくるまって、泣いて、泣いて、泣いた。どれだけ泣いただろうか、泣き疲れてふと顔を上げた時、阪神大震災で果たせなかった思いがこみ上げてきた。こんな所で泣いていても仕方がない。被災地へ行って、やれることをやろう。自分でも不思議なくらいの前向きな気持ちの転換だった。

その時から数ヶ月、木の子さんはマッサージ師として、多くの被災者のコリをほぐすことに奔走する事になる。

3月下旬にさしかかる頃、木の子さんは埼玉スーパーアリーナに向かっていた。すでに福島県双葉町の住民が、集団避難して来ていたのだ。ボランティアの募集があったわけではなかったが、マッサージ師として、できる事があると信じて向かった。しかし、現場に着いた木の子さんが見たものは、殺到するボランティア希望者の大行列だった。すでに双葉町民の集団避難は報道で大

ボランティア宿泊地の公園（2011年4月）

きく取り上げられており、多くの一般の人がボランティアに駆けつけていたのだった。奉仕活動をするために行列に並ぶという、異常な状況だった。

「仕事がなくても良い方だけ、並んでください」

無情なアナウンスが流れる中、木の子さんは特殊技能保持者として、列を飛び越して迎え入れられた。アリーナの廊下には一面に毛布が敷かれ、避難した住民たちが寝泊りしていた。木の子さんは、一人一人声を掛けて回った。

「マッサージ師なんですが、よろしかったら体をほぐしましょうか」

だが、敷居一つないアリーナの廊下である。やはり周囲の目が気になるのだろう。「時間が空いたらでいいわ～」と皆に遠慮されてしまう。できるだけ年配の方を選んで声を掛けた。

「気持ちいいわ～ありがとね～」、そう言ってもらえる度に、木の子さんは自分の腕に使命を感じるようになっていった。

傍らでは一般ボランティアが「お菓子いかがですか～」と押し売りを始めていた。ボランティアと自己満足は紙一重だと思った。

この時の縁があったからか、最終的に木の子さんが贔屓にしたのは福島県である。目に見えない県境の向こう、宮城県には多くのボランティアが駆けつける一方で、ここは福島というだけでボランティアの数もまばらだ。決して、原発の近くというわけではない。普通に人々が暮らしている地域である。数キロ北や西へ歩けば宮城県という町だってある。福島＝放射能汚染地帯という世間の画一的な偏見が許せなかった。

かつて埼玉で見たような混乱は福島の被災地にはなかった。普通に行って、普通にマッサージ師の本分を果たすことができた。特に避難所の被災者は、体をほとんど動かしていないので、筋肉や関節が固まってしまっている。最初は遠慮していた人も、木の子さんの技術に惚れたのか、「わたし実はここが悪いの……」などとあとから要望を出してくる事が多い。彼女はその反応に手応えを感じ取っていた。

木の子さんがほぐしたのは被災者のコリだけではなかった。道中出会った多くのボランティアに、彼女は施術を施した。それでボランティアが元気になってくれて、復興支援を頑張ってくれれば、それは被災者を癒したのと同じ事だと思ったからだ。私も、彼女のマッサージを受けた一人である。お店に行けば10分千円の価値があるものを、無料で随分やってもらってしまった。改めてお礼を申し上げたい。

被災地に降り立つ白衣の天使〜看護師・八重子さん

都内の病院に勤める看護師の八重子さん（仮名）は、その日、夜勤だった。夜勤とはいっても午後3時には家を出なくてはならない。そろそろ出かけようかと思った矢先に、地震が襲った。普通の揺れではない事は明らかだったが、人の命を扱う看護師という仕事は、決して休んではいけない。這ってでも行かなくてはならないのだ。散乱した家の中に母を残して、後ろ髪を引かれるようにしながらその日は勤務先へと向かった。

津波のニュースを初めて八重子さんが見たのは翌朝だった。目を疑うような惨状に、看護師としての使命を果たすことを誓った。しかし、4月はもう勤務の予定が決まっている。被災地へ行けるとしても、早くて5月だ。八重子さんは本気で勤務先の病院と掛け合った。

「4日間でいいですから、なんとか休暇をください！　あとは全日働きますから！」

長い交渉の甲斐あって5月の中旬に4連休を取得した八重子さんはある協会の派遣する看護師として、被災地の病院へ赴く事が決まった。

しかし、八重子さんが派遣の中止を知らされたのは派遣決定から僅か10日後の事であった。理由は、「現地では人は足りている」という事であった。まるで野戦病院の様相を呈している被災地の病院に、人手が足りているだなんて……。組織の都合と人の命が天秤に掛けられた事に八重子さんは憤りを隠せなかったが、決定にはどうする事もできなかった。

ポカンと空いてしまった5月の休暇4日間をどうするか。八重子さんは泥出しでも構わないからと、各自治体やＮＰＯのホームページを調べ、被災地入りを模索した。参加を決めたのは、派遣日程が合った一つのＮＰＯだった。

宝の持ち腐れではあったが、看護師の資格を持ちながら普通のボランティアとして働いた事が、結果的に被災地の様々な現状を八重子さんに自覚させる事になったのかもしれない。八重子さんが最初に担当したのは実際に被災地の家庭を回って被災者のニーズを汲み取っていく仕事。「家があるのになんでここにいるんだ」と言われ避難所に居られなくなった70代の夫婦は、住民ネットワークからも漏れてしまっている上に、家に戻っても電気もないため一切の情報から遮断されていた。またある家庭では90代の認知症のおばあさんが「おまる」にまたがっていた。必要なのは開口一番「オムツ」と言われた。オムツなんて有る所には山ほど有るのに……。

「私は京都のお茶しか飲まないの。避難所はみんなもらってるんでしょ！」とけんもほろろにされる事もあれば、たった少しの日用品を届けただけで涙ながらに喜ばれる事もあった。中でも一番忘れられないのが、過日バザーを開いて配った古着が海岸で灰にされていた事だった。とりあえずもらえるだけもらったものの、サイズが合わなくて処分していたという事だった。皆でサイズや用途の仕分けをして、心を込めて届けた品だった。その夜はチームの皆で泣いた……。現場の矛盾を目の当たりにする度、八重子さんは被災地に必要な事、そして自分にできる事の答えを見出していった。多くの他のボランティアたちが、皆同じくそうするように。

東京に戻ると、節電中とはいえ町中にネオンの光が輝いていた。被災地とのあまりのギャップに改めて衝撃を受けた。軽々しく「がんばろう日本！」と叫ぶことが憚られない時世ではあったが、「こんなの全然頑張ってないじゃん！」と痛切に感じた。それが次の活動のモチベーションへと繋がっていった。

その翌月、2回目の被災地入りの時には八重子さんは三人の看護師仲間を連れて舞い戻った。NPOの中に「健康チーム」を作り、仮設住宅を回って健康に問題のある被災者に救いの手を差し伸べていったのだ。例えば運悪く違うコミュニティーの仮設に当たってしまった人などは、医師の巡回の時ですら周りに気を遣って遠慮してしまう事がある。中には脳梗塞などの重大な疾患を抱えている被災者だってもちろんいる。救いを求められるのを待っていたら駄目なのだ！

すぐに必要だと感じたのが栄養士。仮設に入ったとは言え、パンとおにぎりの生活を続けている人は少なくなかったからだ。そして次に心のケア。安定剤の飲みすぎで逆に精神の安定を失っている人すらもいる。看護師や臨床心理士などによる、被災者の心の傷を癒す事が健康には欠かせない要素となっていた。

しかし、有資格者で作る「健康チーム」を維持するのは容易な事ではなかった。全員がボランティアである上に、八重子さん自身も仕事の合間を縫っての活動だった。一月二月《ひとつきふたつき》と経つうちに、被災地への関心が次第に弱くなっていくのと相まって、有資格ボランティアの人材不足は深刻になっていった。そしていつしか、一般のボランティアも「お手伝い」としてチームに加わるようになった。セラピスト気取りで「津波どうでしたか？　その時どんな気分でしたか？」などと平気で心の傷をほじくり返す素人ボランティアを目にする事も一度や二度ではなかった。次第に、活動に限界が見え始めていた。非専門的な活動を無償で提供するのがボランティアであり、その逆もまた真なりである。八重子さんのようなプロの専門的な活動をボランティアとして継続するには、まだまだ十分な理解を得られるだけの土壌が育まれていなかったと言うべきだろう。

もう一つ八重子さんがやりたかった事、それは看護を必要とする人の情報をネット上で共有させる事である。データベース化と言ってもいいかもしれない。被災地に行く前に、予め「どこにどういう症状の人がいてどういう看護が必要である」という事が分かっているだけで、準備も含めてはるかに効率的な活動ができる。ボランティア活動である限り、入れ替わり立ち替わりで別の人間が来る事は避けられない。常に同じ担当医がいる実際の医療現場とは違うからこそ、必要なシステムである。現地に行ってから、「ここにこういう人がいるのでよろしくお願いします」と言われても遅いのだ。現役の看護師がプロの目で見た活動のヒントを看過する事のないよう、今後のために願う次第である。

秋が深まる頃、八重子さんは再び被災地を訪ねた。それまでの活動で得た知己を頼って、大きな組織には属さず一人の支援者としてであった。離島の被災地に赴き、足がなく病院にも行けない人たちを、船で内地の病院へ運んだ。もうボランティアだけではなく、多くの被災者とも顔見知りになっていた八重子さんは、さらに顔なじみの方々を訪ねてできるお手伝いをして回った。来る者は拒まない、セールスマンまで歓迎するような東北の人たち。その温かい人柄に、いつしか惹きつけられるようになっていた。

今でも八重子さんは時間を見繕って東北に出かける。そして、懐かしい人たちの様子を伺いながら、少しでもお金を使ってくるようにする。それが、今では何よりの支援になると知っているからだ。ビール一缶を買うにも、コンビニではなく地元の酒屋で。少しでも被災地の中でお金が回っていくように、被災地以外の人間も考えていかなくてはならない。

「結局、人のために何かをしたいと考えるかどうか」

そう八重子さんは言っていた。そう考えないヒトには何を言っても共感は得られないし、実際そういう事も少ないわけではない。だが、被災地で見たそんな人の「絆」を信じて、これからも八重子さんは東北へ向かうことだろう。

家族の心配を背負いながら〜元探検部・達也さん

和歌山で生まれた達也さんは京都で過ごした学生時代、探検部に所属していた。石狩川２００キロをゴムボートで下り、西表島のジャングルを徒歩で突き進んだバリバリのアウトドア派として、今でも風貌にはその貫禄を漂わせている。

阪神・淡路大震災の発生により、平成7年はボランティア元年と呼ばれる事になった。日本中から多くの一般人が災害ボランティアとして神戸を目指すのを、達也さんは移り住んだ埼玉の自宅のテレビで観ていた。

「自分のようなアウトドア派こそ、真っ先に行かなければ」

そう決心したものの、埼玉で家庭と仕事を持つ身として、神戸は遠かった。いつしか時が経ち、活動が収束に向かうのをも達也さんは忸怩たる思いと共にテレビで観る事になった。それからというもの、テレビに阪神・淡路大震災の映像が映る度に、達也さんは自分の能力を活かせなかった悔しさを噛み締めていたという。なぜ、どうしてあの時少し無理をしてでも、と自分を責める日々が続いた。

それから16年の月日が経った平成23年の2月の末、達也さんは体調を崩して入院していた。胆のう全摘出の手術を受けたばかりであった。しかし、持ち前の体力で3月の頭には無事退院を果たした。

「東北へ行きたい」

3月12日の日記に、すでに達也さんはそう記している。術後の体で被災地へ災害ボランティアに行くというのは普通は考えられる事ではない。健常者であっても何があるか分からない所へ全て自己責任で行くのだ。家族は反対するだろう。でも、もう阪神の時のような悔しい思いを繰り返したくはない……。

達也さんは思い切って家族に相談してみることにした。

「正気なの?」、奥さんは本気にしなかった。

「お父さんバカじゃないの⁉」

高校2年になる息子さんは呆れて諌《いさ》めかけた。家族とすれば、当然の気持ちであっただろう。さすがにこの時は息子さんの言うとおりだと、達也さんは自分を咎《とが》めた。しかし、「ここへ行く」と一度決めたら何があっても行くのが探検部である。震災から約1週間後、達也さんは地元埼玉のボランティアセンターを訪れて情報収集を始めていた。

「まだ手術の痕が完治していないでしょ」

「福島から放射能が漏れ出しているでしょ」

「いまでも余震が続いているでしょ」

家族はあの手この手で引きとめようとしたが、障害が多ければ多いほど燃えるのもまた探検部なのであった。いつしか家族も、「この人は行ってしまうな」と覚悟を決めるようになっていた

という。
テレビ画面に映し出される被災地の映像は悲惨さを増すばかりである。もはや、達也さんの中に行かない理由はなくなっていた。それでも出発前には執刀医の元を相談に訪れた。医師は「人」を診るプロだ。何も体の中だけの話ではない。この人は止めても行ってしまうだろうと見抜いていたのかもしれない。
「達也さんなら大丈夫」と最後には太鼓判を押してくれた。出発の荷物をまとめている間、あれほど反対していた息子さんはずっと心配そうに側にいてくれたという。最後には、大量の荷物を埼玉から都内の集合場所まで一緒に運んでくれた。
向かった先は石巻。16年越しの思いを実現させた達也さんは、自分の体を省みずに奮闘した。被災者を前にして、自分を気遣っている気持ちの余裕はなかった。「この精神状態がいちばん危険」と出発前に口すっぱく注意された事は、もうどこかに忘れていた。作業は当然泥出しもあった。時期的にも場所的にも、達也さんが経験したのは数ある復興支援活動の中でも最上級の部類に入るハードな仕事だったはずだ。熱も出して、強制送還も内心覚悟していたという。そして迎えた4月7日の夜、震度6の余震の後、息子さんから1通のメールが届いた。

「大丈夫？」

その1通のメールで達也さんは我に返った。やはり離れていても家族である。親子の絆を強く感じた達也さんは、家族のためにも、無理をせず無事に家に帰らなければならないと固く誓った。果たして無事家に帰った時の家族の笑顔を達也さんは今でも忘れられない。これまで心配を掛けた事を申し訳なく思う他はなかった。

しかし、一つの計画が終われば次なる新天地を求めてしまうのが探検部精神なのだ。家族の安堵は長くは続かなかった。多くの他のボランティアと同様に、最初の活動で要領を得た達也さんは、自分の車で亘理、気仙沼、陸前高田、南三陸と渡り歩いてその復興活動の足跡を残した。最後、携帯電波の入らなかった南三陸を出た時は、家族からの心配メールが立て続けに舞い込んでくる始末であった。

そんな達也さんが何かを残したのは被災地だけではない。そんな父の後ろ姿を見ていた息子さんも、何かを感じ取ったはずだ。いつの日かどこかで困っている人がいたら、自分のできる範囲で救いの手を差し伸べてあげられる男になってほしい。達也さんはそう願っている。

ここでは達也さんという稀代のボランティアのエピソードを紹介したが、探検部ではないにしても、同じ気持ちのボランティアパパやママ、そして家族が日本全国でどれだけいた事だろう。そんな数々のドラマが生まれたのもまた、復興支援ボランティア活動の舞台裏の一つなのである。

被災者から健康をもらって〜OL・善子さん

税理士事務所で働くOLの善子さん（仮名）は、地震の発生をテレビで見た。実はその頃、善子さんは仕事のプレッシャーと職場のストレスによって通院するほどまでに心身の健康を損ねていた。限界に近い状態の時に目にした、被災地の惨状だった。身内にお年寄りがいて他人事とは思えなかった事もあり、早速非常時に必要な物を買い揃え、寝袋もおじいさんとおばあさん用に二つ買った。日々詳《つまび》らかになる被災地の窮状を画面の向こうに見据えながら、多くの他の人たちと同じように、自分にできることを探し始めていた。まずは送れる物を被災地に送ろう！　自治体の物資受付窓口に足繁く通った。

そんな折、とうとう職場を退職する事が決まった。本来であればそこから一層の療養に励まなければならないはずだったが、善子さんの脳裏をかすめたのはむしろ被災地の事だった。奇しくも時間が生まれたことによって、東北に行こうと思えば行ける身にはなったが、とても被災地の

状況に耐えられる体調だとは思えなかった。しかし、

「私がやらなかったら誰がやるの」

善子さんの思いは日増しに強くなっていくばかりだったそうだ。

いつしか暦は夏になっていた。善子さんは体調と相談しながら被災地入りの可能性を模索していた。前職の経験を活かして、被災地の会社の経理のお手伝いができないかと取り組む傍ら、社会福祉協議会のボランティア登録を済ませていった。実際被災地では経理事務関連の仕事は大量にあったはずだ。しかし、会社の「中身」を覗かれてしまう仕事をボランティアに任せられる所は少なかった。

そして夏が終わり、秋になった。体調も万全とは言えないものの、被災地入りへの情熱はなくならない。自分のできること、したいこと、そして体調、全ての折り合いをつけるのは簡単ではなかったが、ある日女性誌に、ボランティアツアーの広告が載っているのを見つけた善子さんは、初めて心に灯がともるのを感じた。「これならできるかもしれない！」。女性だけの、女性向けの軽作業を目的とするツアーだった。3月に祖母のために買った寝袋を最初に使うのは、善子さん本人となる。

ツアーの向かった先は岩手県大槌町。女性向きの軽作業という触れ込みではあったが、実際行ってみると、家屋の片付けを含む大変な作業であった。しかし、終わった時には「2泊では足りない……」、そう痛感していた。

「自分だって行動できる！」、そう実感できることが嬉しかった。考えていたほど、難しいことじゃない。やろうと思えば誰だってできるんだ！　だけど考えただけで行動に移せない人が自分の身の回りにもとても多い。ものすごくもったいない事だし、一人でも多くの人に自分を信じて行動を起こして欲しい。そう善子さんは伝えたくて、今回の私のインタビューを快諾してくれたのだった。

一月《ひとつき》ほどの後、善子さんは再び東北へ向かった。前回の訪問でお世話になった人の故郷に恩返しをしようと考えたのだ。災害ボランティアの世界は、同じ人であっても1回目と2回目では全く別人である。「また来る」という事はそれくらい大きな事なのだ。向かう先は聞いた事もなければ、もちろん行った事もない。どうやって行ったら良いのかも分からず、車で30分の距離をタクシーを走らせた。そんな場所へ一人で向かう善子さんは、確かに以前とは別人だったのだろうと思う。

着いたのは気仙沼の唐桑《からくわ》半島。牡蠣《かき》の養殖が盛んな所だ。ここで約10日間、善子さんは青い海を見ながら地元のご家族と一緒に養殖の手伝いをした。それまで、数字とにらめっこをしながらソロバンを弾く職業人生を送ってきた善子さん。人の笑顔を見ながら自然の空気を吸って働くという当たり前の事が初めてできた日々だったのかもしれない。経済成長や利益のために働いてきた事が、それは本当の自分ではなかった事に気付いた。でも、この養殖だって利潤のためでは？確かにそうかもしれない。でも、やはり何か違う。何が違うのだろう？　しかし、少なくともそこには人の温かさ、心の触れ合いがあった。毎日が笑顔だった。

それから、善子さんの体調が明らかに変化し始めた。病は気から。人は人によって救われる。人にしか救えない。相手が笑顔なら自分も笑顔なのだと善子さんは声を大にする。もしかしたら手伝った分の量以上の元気をもらって、善子さんは東北を後にした。

程なく全快した善子さんは今、再びこの地を踏むべく準備を進めている。負担でもあったであろう自分たちボランティアを受け入れてくれた事、そして元気を分けてもらった事にありがとうと言うために。もちろん、ボランティアの仕事もしっかりこなすつもりだ。すでに現場の呼吸を知り尽くした彼女は、強力な助っ人となるに違いない。

「戻りボランティア」はカツオと同じように、脂が乗っているのである。

体力も筋力もないけれど～大学生・泰子さん

泰子さん（仮名）は大学を休学中の小柄な女性である。自分で言うように体力もある方ではないだろう。普通であれば、災害ボランティアなどとはかけ離れたイメージの方である。往々にして、こういうタイプの女性は被災地入りには二の足を踏む。自分が行ったところでできる事などあるはずもない、逆に迷惑を掛けるかもしれないと考えるからだ。しかし、実際はそうではない。

泰子さんは震災の脅威も冷めやらぬ4月から約1ヵ月半にわたり、「ボランティアのためのボランティア」として、仲間の食生活を支え続けた。彼女の仲間たちへの、引いては被災地への貢献は瓦礫撤去数十トン分に値するだろう。それぞれのメンバーが、自分にやれる事を持ち寄って精一杯にやる、それができれば満点なのだ。そんな泰子さんの被災地での奮闘を少しばかり紹介したい。

泰子さんが初めてボランティアというものに手を染めたのは、多くの人と同じように、あの3月11日がきっかけだった。その時は新宿にいたが、葛飾区の自宅まで山手線の線路に沿って歩いて帰った。秋葉原駅のモニターに、被災地の様子が映し出されていた。彼女は自分が「生かされた」と感じた。生かされたのだから出来る事をしようと、インターネットのSNSで支援を呼びかけたり、街角で募金活動もした。しかし、それだけではどうしても限界がある。自分が東北に行ってみよう。そう決めた。

彼女が最初に見た男性ボランティアたちの食生活は、被災地と同様に「惨状」と言えるものだった。カップラーメン、レトルト食品、菓子パンを朝昼晩の三食で使い回して、おやつで腹をもたせているような状態だった。泰子さんも仕方なくそれに従ったが、彼女の体はあっという間に悲鳴を上げてしまった。見る見るうちに、体調が悪くなっていった。

「男の人たちも、こんな食事を続けていたらいけない……」

泰子さんは少しずつ、自分で作れるものから料理を始めていった。もともと料理や食、特に自然食という事には人一倍こだわりがあった。一番のきっかけは、悲しみに打ちひしがれた時、自然の恵みから元気をもらったこと。命を分けてもらった気がした。それから自然食への関心は日々高まり、大学の近くのおじいちゃん、おばあちゃんに野草の採り方を教えてもらったりもした。

折りしも、泰子さんたちボランティアの元にも野菜などの食糧が少しずつ届くようになってきた。器具もないわけじゃないし、ちょっとずつ作ろうか……。そうして自然に、泰子さんは他のボランティアの食事を作り始めた。

もちろん、被災地で美味しい食事など予想もしていなかったメンバーたちに、彼女の料理は絶賛された。彼女自身も、それにやりがいをいつしか見出すようになっていった。被災地の復興にとても影響力を持っている人たちが、自分の食事で力を付けている。それが、泰子さんにとって何よりの復興支援だった。自分が必要とされている事を、強く実感した。

時間のできた時には周囲に野草を摘みにいった。ここでも地元の人に、野草のある場所や知識を授けてもらった。彼女のメニューの中に、わらび、つくし、よもぎなどが加わっていった。キャベツが大量に届いて廃棄の危機を迎えた時には、芯をくり抜き、コーンビーフを詰めて、即興でオリジナルメニューを考案した。トマトとコンソメで味付けをして煮込んだ、ロールキャベツならぬ「ホールキャベツ」は大好評だった。いつしか、彼女の料理は皆にとってなくてはならないものになっていった。作ってもらえるのが当たり前と勘違いされるくらいに、泰子さんは頑張った。

次に彼女が目指すのは「プロ」である。プロになって、自然食のすばらしさを被災地だけではなく世の中すべてに広めるべく、今も活動を続けている。

東北からインドへ愛の手を～保育士・深美さん

千葉県のとある保育園で年長組の担任を務めていた保育士深美さん（仮名）は3月11日、いつものように子供たちの世話に追われていた。実はその時すでに、3月で一区切りを付けて退職する事が決まっていた。退職後は、これまでの総決算というと大げさかもしれないが、海外へ出て恵まれない子供たちのための奉仕活動を始めるつもりであった。

その日の午後2時45分、休憩を終え、交替の時間になった。深美さんが交替のため外へ出たその時である。この保育園の地震予知システムのカウントダウンが突如園内に響き渡った。この最新のシステムは、初期微動が発生すると瞬時に到達時刻を計算し、人の声でカウントダウンを始めるのである。よって、カウントダウンは60くらいから始まる事もあるし、3から始まる事もある。この日は、30くらいから始まったと深美さんは記憶している。

深美さんは取るもの取りあえず中庭の子供たちに駆け寄った。このシステムも完璧ではない。少し早く地震が到達する事も、遅れる事もある。しかし、この日は、ゼロ！という声と同時に猛烈な揺れが保育園を襲った。しかも、尋常な揺れではなかった。窓ガラスがガチャガチャと音を立て、電柱がグラグラと揺れた。あまりの衝撃に大勢の子供が泣き出した。

揺れが収まっても、園舎の中には戻らなかった。どんな落下物があるとも限らないからだ。寒い中庭で、親御さんの引き取りを待った。しかし、関東一円の交通機関はすでに麻痺状態だった。

そう簡単に引き取りに来られるわけがない。多くの園児たちを励ましながら、お父さんお母さんの迎えを待った。

日が経つに連れて明らかになる被災地の惨状。退職の時を迎えても、収束に向かう気配は一向になかった。本来であれば海外へ向かう準備を始めなければならない時だったが、「まずは日本だな」。深美さんは災害ボランティアへの参加を決めた。保育士として、やらなければいけない事があると信じたからだった。

最初に降り立ったのは南三陸最大の避難所「アリーナ」だ。災害ボランティアである以上、仕事の選り好みをするつもりはなかったが、この避難所に小さな子供はほとんどいなかった。南三陸の物流拠点も兼ねていたこのアリーナは、ありとあらゆる人が行きかうミニチュアタウンの様相を呈していた。このアリーナの小さな受付が、「南三陸町役場」になっていた。町の、ありとあらゆる本部がこの中にあった。物資仕分けや炊き出しのボランティア、警察に自衛隊、復興支援に携わる無数の人がアリーナの中を忙しなく動き回っている。避難所とはいえ、そこは生活空間には程遠いものだった。ゆえに、小さな子供のいる家庭は、他の小さな避難所へ移されていたのである。

深美さんはここでしばらく任務に忙殺される事になるが、ある日、転機がやってきた。深美さんの所属する団体が一つの避難所の運営に携わる事になり、避難所の子守役が必要だということになった。保育士の深美さんに白羽の矢が立ったのは当然だった。

それから約2ヶ月の間、深美さんは毎日のようにその避難所に通い、日中お母さんたちが忙しい時の子守役を精力的に引き受けた。当然の事ながら、男の子と女の子では遊びが違うので、それに合わせなくてはならない。男の子の間で流行っていたのは「ジエータイごっこ」だった。「ジエータイさんに、ケイレイ！」、そう言って深美さんは子供たちと敬礼し合って遊んだ。そこへ女の子がお人形を持ってやってくる。洋服が上手く着せられないらしい……。

中にはあの日の津波で肉親を失ってしまった子供ももちろんいる。まだまだ精神的ショックから立ち直りきれていない。事あるごとに「どうせ」と投げやりになってしまうその子の哀しみを、辛抱強く受け止め続けた。

深美さんが何よりも気を遣ったのは子供たちのストレスである。狭い避難所、仮設住宅にずっと居ては確実にストレスは溜まっていく。晴れの日は、子供たちと思い切り運動場を走り回って遊んだ。

そんな深美さんが東北での活動を終えしばらく経った頃、忘れていた思いが再び頭をもたげてきた。そう、海外での奉仕活動だ。出発がかなり遅くはなったものの、何より変わったのは、今やボランティア経験者として現地入りができる事だ。

目指したのはインドのコルカタ（カルカッタ）。彼女にとっては途上国へ行く事すら初めての事だった。ここに、あのマザーテレサが建てた「マザーハウス」がある。ここでは、見棄てられた

テントにて作業をするボランティアたち（2011年5月）

人々がボランティアの力によって日々の命を繋いでいた。

深美さんが選んだのは「死を待つ人の家」と、やはり「孤児院」。大量の洗濯、皿洗い、食事の世話、爪切り、洗体、何でもやった。時にはお世話をした子供に里親が見つかって、ヨーロッパやアメリカに旅立っていく事もあった。

しかし、里親が見つかるのは、決まって傷害の少ない子からだった。こんな場所でも、現実と無縁ではなかった。

帰国した深美さんは保育士の資格と語学力を活かして、日本にいる世界の子供たちのために今でも働いている。

第4章　初冬の被災地を行く

寸断されたままのＪＲ気仙沼線（2011 年 11 月）

何も残っていなかった福島県海岸地帯

東北の長い冬が始まる頃、私はまた被災地に向かっていた。すでに、復興支援への世間の関心は日増しに少なくなっているが、活動は今後数年は続く。しばらく時が空いたが、被災地はどうなっているだろう。何度も行っている人間でも、やはり報道だけでは実際の様子は分からないのである。もちろん、完全復興しているだろうなどとはゆめゆめ思っていないが、今後の活動の方向性を占うためにも、被災地の現況を見てみたい。もちろん、実際のボランティア活動をするための装備一式は抜かりなく持ってきた。

世間の話題、関心は完全に福島原発の放射能に向かっていた。かつて見せた被災地への熱い情熱は、いかに自らの健康を放射能から守るかに変わっていた。いわば「蓋」をされてしまったような福島県沿岸部の窮状を、まずは目にしようと車を走らせた。

被災地の復旧は道路から始まる。これが直らない事には何も直らない。もちろん、原発の近くなどには近寄りようもないが、福島県北部から入って仙台までの道のりを、海沿いの道を北上していくつもりであった。

だが、この目論見は完全に外れる事になった。海岸沿いの道路は部分的に走れる所もあるが、通行止めの連続だ。もう、道らしきものすらなくなってしまっている所も多い。修復は、遅々として進んでいない。仕方なく内陸部の国道まで引き返して北上し、また行けそうな所（地元の車が進んでいく道）を入って海岸を目指す。そして、また通行止めの通せんぼを見るだけで、引き返す。これの、繰り返しだ。

常磐線新地駅に着くと、多少うず高くなっている所が、かつてはホームだったことを偲ばせるのみである。まとめて放置されている鉄の山は、おそらく上りホームと下りホームを橋渡ししていた歩道橋だろう。線路には雑草が伸び放題だが、線路すらない事も多い。

北上を続けるが、視界に入るのは柱だけとなった民家、立ち枯れの木、冠水した農地、この連続だ。撤去しきれなかった細かい瓦礫がその上を覆っている。

まだまだ復興どころの話ではない。やっと、瓦礫をどけただけではないか。人間誰だって何かに尽力したら、その成果を見たい。今更ながらに、人間の非力を痛感した。

復旧の目途が立たないＪＲ常磐線（新地駅、2011年11月）

宮城県に入って仙台空港に到着すると、空港はかつての輝きを取り戻しているように見えた。しかし、空港から一歩出ればまた同じ景色だ。空港のすぐ隣には、解体を待つ建物が静かに佇んでいる。空港の機能だけを、辛うじて再開させたという印象だ。

石巻市に着いた。前に書いたように、石巻は全域にわたって甚大な被害を受けたものの、市街中心部では建物そのものは概ね残っている。ゆえに、復興も早いのでは、もう商店街もほとんど復活しているのではと淡い期待を抱いていたが、現実はそうはいかなかった。確かに開いているお店も多い。相当な苦労をされて再開にこぎつけたのだろう。しかし、まだまだシャッターを閉めたままの所が圧倒的だ。確かに瓦礫はほとんどなくなった。これは本当に凄い事だと思う。軽自動車がめり込んでいた電柱も、ワゴン車が浮いていた学校のプールも、全部元通りの形になっている。自衛隊やボランティアを始めとする膨大な人力支援

震災後の石巻（2011年4月）

同年11月の同地点

の成果であろう。しかし、元の町の賑やかさを取り戻すには、まだまだ長い時間を必要とする事を思い知らされた。

まだまだ復興への道のりは遠い！　被災者の本当の苦労は始まったばかりなのかもしれない。

瓦礫のなくなった被災地、地盤沈下の町を行く

石巻から東へ十数キロ進むと、同じく甚大な津波の被害を受けた女川町に出る。この女川街道は、石巻市の遠隔地へ向かうのになくてはならない大動脈であるが、震災直後から地盤沈下が酷かった。この時の体験がもとで、以後被災地へ行く時は潮汐表を携帯するようにしている。ボランティアだけではない。周辺の住民もこの時から潮汐表を確認する生活へと変わった。大潮の日近くや、特に満潮時になると、この女川街道は多くの場所で冠水した。下手に車など走らせようものなら、どんなエンジントラブルを引き起こすか分からない。被災地では車1台失うことによる支援の滞留は計り知れない。とはいっても、大型車になると迂回できるような道もない。ダンプカーが泥水をかき分けながら進むのが被災地のもう一つの顔であった。あれから半年以上、被災地の地盤は押しなべて数十センチ以上沈下し、被災者の生活を脅かし続けている。

女川町の惨状は筆舌に尽くしがたい。ＪＲ女川駅に着いたが、そこが駅だと分かったのは、カーナビがあったからである。

町内は大きな鉄筋やコンクリートの建物だけが、柱をむき出しにしながら辛うじて形を維持している。あとは、土台を残すのみだ。

さらに進むと石巻市雄勝《おがつ》町に出る。今回の震災で一番津波の被害の大きかった所はどこかと良く聞かれる。その質問の答えには、私はこの雄勝を挙げる事にしている。損害額にしたら、石巻中心部や気仙沼のほうが大きいかもしれないが、ここ雄勝は難を逃れた所があまりにも少なすぎる。今あるのは、かき集められた瓦礫の山と、骨組みだけとなった建物と、流された家々の土台などばかりだ。震災直後から新聞の写真などで度々報道された、公民館の上に打ち上げられた観光バスはまだそのままになっている（平成24年3月10日に撤去）。人もまばらな町の中心部で、瓦礫を積み上げる重機の機械音だけが響いていた。

公民館に乗り上げたままの観光バス（雄勝町、2011年11月）

雄勝町中心部からさらに10キロほど北上すると、あの大川小学校に着く。地震後、適切な避難が行われず、多くの生徒が犠牲になった。今も学校前には献花が絶えない。件の裏山は本当に学校のすぐ後ろだ。この斜面を登ったら、怪我をする生徒が何人か出るだろう。その上もし津波が来なかったら……。今となっては知る由もないが、先生はあの時そう考えたのかもしれない。落成したばかりの「子まもり像」が、悲しい表情で膝の上の子供を見つめている。

震災後しばらく不通となっていた新北上大橋を渡って、多くの被災集落を通り過ぎ、南三陸志津川にたどり着く。志津川は南三陸町の中心となる地域である。ここ志津川の被害も雄勝や女川に引けを取らない。高台にある建物を除いて、町ひとつがすっかり波にのまれてしまった事は、前にも紹介した。被害が大きすぎて、この町のボランティアセンターの活動は、ゴールデンウィークに入っても、軌道に乗っていなかったと思う。

石巻が数百人単位で大規模支援活動を展開する一方で、志津川はその被害の大きさゆえに、町にアクセスする事すらままならなかったし、必要となる作業はほとんど、自衛隊の作業の範疇だったのである。4月の時点では、南三陸へ行ったというだけで、ボランティア仲間からいろいろ情報を求められてしまう状況であった。これは、同じく被害の大きかった岩手県の陸前高田市などにも言える事である。

この志津川の中心部に、耳目を引く一つの建造物がある。かつての防災対策庁舎である。地震直後、多くの町の職員がここで町民の安全のために力を尽くし、津波襲来で屋上へ避難したものの、想定外の高さの津波に命を奪われた。声の限り災害放送を流し続け、帰らぬ人となった女

悲劇の舞台となった南三陸の防災対策庁舎（2011年11月）

性職員の献身は、特に多くの人の涙を誘った。今では鉄骨の骨組みだけとなったこの庁舎にも、いつまでも献花が絶えない。

概ね瓦礫の撤去が終わった志津川の町を歩いていると、言いようのない喪失感に襲われる。かつて大量の瓦礫を前にして、奮起を決意して意気揚々だったはずなのに、いざ瓦礫がなくなってみると、逆に達成感も何もないのはなぜだろう。言ってみれば、今までの復興支援活動はマイナスからゼロに戻すための活動だったのだと気付く。

「一からやり直しじゃなくて、ゼロからやり直しだよ」、被災者がよくそう言っていた言葉が胸に甦る。

南三陸の歌津地区を過ぎると、気仙沼市の本吉地区に入る。ここ本吉地区では沿岸部のみならず、海岸から数キロ離れた内陸部まで津波の被害を受けている。信じられないことに、津波は河口から4キロ近く川を溯って、町内に被害をもたらしている。こんなところまで津波が来るとは誰一人予想していなかったはずだ。

その場所に立つとまさに、「え？　海はどっち？」と首をかしげざるを得ない。もちろん、沿岸部の被害は甚大だ。震災後は寸断された気仙沼線の高架線路上に、民家が乗っかっていた。それも今は、きれいに取り除かれている。

この場所はすぐ奥が海であった。つまり、この民家は引き波によってどこか内陸部から運ばれてきたという事だ。

「引き波の方が恐ろしい」、これも、よく聞く言葉である。教訓として、後世に伝えていくべきであろう。

気仙沼市中心部に入ると、何よりも驚いた

地盤沈下により浸水した気仙沼市街（2011年11月）

のは地盤沈下の被害だ。港の周囲は、冠水して水浸しになっている。

港を囲む道路は、砂利を積み上げて固めてある。写真手前（前頁）は、道路から地面に降りるためのスロープだ。かつて瓦礫を撤去したお宅が、やはり浸水の被害に晒されていた。あの時、侵入した漂流物を死に物狂いで取り除いた1階のガレージは、やはり溢れた海水に蝕まれていた。何のための作業だったのだろうと、しばし言葉を失った。

さらに被害の酷かった鹿折地区は、志津川のように静かな土地となっていた。かつてあった、重なるようにして打ち上げられた4隻の漁船は、跡形もなく解体されていた。

住宅地に乗り上げた船舶（気仙沼市、4月）

11月の同地点

しかしそのさらに奥にある、1隻の漁船がまだ残されている。かつて見た、宇宙戦艦ヤマトのような船だ。

今も被災地に残る震災を象徴する物といえば、この気仙沼の漁船と、志津川の防災対策庁舎、陸前高田の一本松を挙げる人が多いだろう。

まだまだ復興には程遠い被災地の現状に落胆しつつも、すでにスコップで瓦礫やヘドロを除去する段階は終わりを迎えたことも了解できた。これからは、ゼロからプラスにしていく支援を考え、行わなくてはならない。何にもまして重要なのは、被災地の経済産業復興であろう。地元の産業にお金が流れることによって、新たな雇用や需要が生まれ、復興の原動力となる。瓦礫撤去などはいつまでもボランティアでやってはいけないのだ。産業復興を支援し、生まれたお金の一部が自治体の税収となり、税金によって地元の業者が撤去作業に従事する。こうして被災地の中で経済循環が生まれるような手助けを、続けていかなくてはならない。

それでも鮭は帰ってきた！

南三陸町内を流れる川に魚が蠢《うごめ》いていた。車の中からでもよく分かる。浅黒くて大きな体、鮭だ！　まさに秋鮭の季節。この時期北海道から東北の沿岸は回帰した鮭の溯上に沸きあがる。数年間を海で過ごし、生き延びた僅か数パーセントのエリートが、故郷の川を産卵のために必死で上っていく。瓦礫で汚れてしまった被災地の川にも、鮭はちゃんと帰ってきたのだ！

感傷に浸りつつも、それを捕まえて卵を取り出し、食べてしまうのが人間である。しかし、被災地の産業復興のためにはそんな事は言っていられない。鮭クンたちには悪いが、漁港で仕入れと競りのお手伝いをさせていただく事になった。

港の朝は早い。私が到着した頃にはすでに業務開始の準備も整い、すでに漁師さんたちが今朝の釣果を軽トラック一杯に積んで、長い行列を作っていた。荷台に一杯の鮭は、オスとメスに分けて、それぞれの選別台へ運ばれる。選別台では熟練の職員さんが、サケをA、B、それからピンコに分ける。Aは優良個体、Bは普通といったところか。ピンコは小型、もしくは傷物である。漁師さんへの報酬は個数ではなく重さで決まる。A、B、ピンコそれぞれ1キロあたりの価格が違うので、漁師さんとしては少しでもAに入れてほしいが、職員さんは厳しい選別眼で鮭を仕分けていくのだ。

私の仕事といえば、A、B、ピンコそれぞれの籠に鮭がある程度入ったのを見計らって量りに乗せ、計量したらそれをまたA、B、ピンコそれぞれのコンテナへ運ぶのである。二人一組の仕事ではあるが、籠は一つ30キロから40キロくらいになる。朝からかなりの肉体労働だ。

傍らではかもめや海鳥が、常に鮭の腹からもれ出るイクラのおこぼれを狙ってスタンバイしている。人間様が食べても旨いのだから、さぞかし旨いのだろう。ここでこぼれ落ちたり捨てられたりした魚は、彼らによってきれいに掃除される。そんな彼らも、フグにだけは絶対に手（嘴？）をつけない。港にはついばまれた魚の切れ端が散乱するが、フグだけは完全な形で残っている。いったい誰に教わったのだろうか。

約20台ほどの車列をさばき終わる頃にはコンテナは二つ目になっていた。朝だけで軽く数トンの鮭を運んだようだ。

一息ついたころで、「刺身好きかい？」と声が掛かった。大好きです！　と言うわけにもいかないので、「ええ、まあ」などとまんざらでもない返事をすると、職員さんは近くにあったブリを1匹籠から取り出し、鮮やかな手つきでさばき始めた。40、50センチはあるだろう大きなブリが、あっというまに刺身片に変わっていく。まな板の上から手づかみで醤油をつけて、そのまま口へと運ぶ。忘れられない港町の味となった。

この町の人は、こうしてずっと魚食と共に生きてきたはずだ。震災後、パンとおにぎりの日々はどれだけしんどかった事だろう。とにかく今では元の町の産業が動き出して、こうして新鮮な魚が豊富に手に入るまでになった。

昼が近づく頃には、競りが始まった。職員さんが威勢のいい声で魚に値段を付けていく。誰々さんの獲った何々がいくらから！　という事を言っているらしいのは分かるが、素人には暗号みたいで全く理解できない。それを、買い付けの方々がこれまた威勢良く競り落としていく。夜には、「今日はいいアナゴが入ったよ、お客さん！」といった感じで、どこかの寿司屋のカウンターにでも並んでいるに違いない。

それにしても鮭やブリだけではない。随分といろいろな魚が競りにかけられている。南三陸は西の明石と並ぶ東のタコの名産地だ。巨大なタコがずらりと並んでいる。巨大なのはタコばかりではない。1メートル近くもありそうな、巨大ヒラメが買い付けの人たちの注目を集めていた。

こんなのを食べたら、いったい何人前になるのだろう。巨大なタコがいるというのは知っていたが、巨大なヒラメの存在は知らなかっただけに、驚きも大きい。このヒラメも見事競り落とされて、魚屋さんのトラックに積まれていった。

この日の仕事は、どう贔屓目に見てもボランティアの存在は小さい。完全に地元の方の自立した組織の中で、何かできる事があればお手伝い致しますが、というくらいのスタンスである。なんだかんだ言っても、地元の復興はやはり地元の人にしかできないのだ！　それを陰ながら、邪魔にならない程度に力添えしてさしあげる。今後は、こんな支援が中心になっていくのだろう。

御土産は、食べ切れなかったブリの刺身と、鮭が丸ごと1匹であった！

ボランティア1分からどうぞ

三陸の海岸沿いに車を進めると、道沿いに何か看板を掲げた家があった。かなり歴史ある建築様式のようだが、完全に津波の被害を受けて、中は人が住める状態ではない。スピードをゆるめて眼を凝らして見てみると、「ボランティア1分からどうぞ」と書いてある。1分とはいったいどういう事だろう？　そんなに人手が足りないのだろうか。気になる。

近くに車を停めて、恐る恐る敷地内へ足を踏み入れた。誰もいないようだ。

「すみませーん、どなたかいらっしゃいますか？」

返事がない。留守だろうか。

「はーい」と物置の中から声が聞こえた。現れたのは一人の女性、このお宅の家主さんだった。

「ボランティア活動中の者なんですが、外の看板が気になって来たんですけど」

「これはこれはご親切に。まあ、どーぞ」と中へ迎えられた。

「さあさあ、どうぞ」

早速、お茶にコーヒー、茶菓子、みかんまで出てきた。まだ何の仕事もしてないのに……。いかにも東北の人らしいが、早速もてなされてしまって恐縮してしまう。しかも今来たばっかりのよそ者だというのに……。B5のノートのページを半分にちぎった手書きの名刺を頂いた。

戦前の建物らしく、立派な柱が使われていて倒壊は免れたものの、家の中は家財道具含めて何もない。所々、剥がした床板の隙間から地面が見えている。この女性、普段は仮設に住んでいるが、日中はこうして戻ってきて片付けをしているらしい。

「ボランティア1分からって書いてあるんですけど?」

質問をぶつけてみた。

「ええ、そうなのよ。最初はね、ボランティア募集って書いてあったんですけど、なかなか人が来てくれなくて。やはりみなさん敬遠なさるようで……。そこで、時間の目安を書こうと思ったんですけど、何時間からと書くわけにもいかないので、1分からと書いたんです。そしたら、人がかなり来てくれるようになりました」

なるほど、そういう事だったのか。確かに、私もその看板に釣られて立ち寄った一人だ。しかし、この辺りなら大きなNPOも手を伸ばしているし、そこまでしなくてもボランティアは来てくれるのではないか。

「うちは赤紙なんです……」

赤紙とこの人は言った。何の事だか分からなかったが、聞けば、行政による建物の損壊程度査定で、この家は「倒壊の危険あり」という判断を受けたという事なのだ。その紙が赤かったので、この人は赤紙と呼んでいるのである。

「赤紙だとね、誰も来てくれないんですよ」

つまり、行政が「危険な家」という太鼓判を押してしまったために、社協ボランティアセンターのヘルプはもちろん、NPOもボランティアを派遣できないでいたのだ。いくらNPOとはいえ、「危険な家」にボランティアを組織として派遣して、何かあったら間違いなく責任問題になる。これが組織の限界だ。赤紙の決定はこの人の運命を大きく揺さぶっていた。

私はこの赤紙判断の是非を言いたいのではない。むしろ、「是」なのだと思う。実際に危険があるから赤紙になったのだろう。問題なのは、その決定によって、こうして孤立無援の状態に陥ってしまっている人が何ヶ月も放置されていた事であり、大切なのは、その失敗を教訓として、今後に生かす事である。

現実的に、このお宅では私のような通りすがりの、いわば「究極の個人ボランティア」に頼るしか道がなかった。被災地では、社協ボランティアセンターのボランティアといえども、誰だか分からない人を家の中に入れるのは嫌だという事で自力で頑張る人もいるくらいである。それを考えれば、名前すら分からない人を無差別に家に招き入れるリスクを犯してまで、人手を募集せざるを得なかったこの女性の苦労は察するに余りある。

さて、めっきり話し込んでしまった。ご馳走にまでなったのだから、ちゃんと仕事をしなくてはいけない。何かできる事はと尋ねると、外の排水溝の周辺に溜まった砂利や石をどけて欲しいという。津波で流されてきてそのままだそうだ。たいした作業ではない。コーヒーと茶菓子とみかんの対価にしても安すぎるくらいである。震災から毎日、こんな調子で道行く人のお世話になりながら、ここまで片付けを進めてきたのであろう。

幹線道路沿いだから私のように人が来る事もあるだろうが、これが一歩入った路地裏であったら、誰も見つけてくれはしない。そういうお宅は、まだまだたくさんあるはずだ。

被災地に来れば来るほど見つかる支援の盲点の数々。阪神大震災の経験が今回生かされたように、またどこかで起こるであろう災害に備えて、行政はノウハウをできるだけ漏らさず蓄積しておいてほしいと願う。

みかんのお釣りに、後日ちゃんとした名刺を50枚作って送って差し上げた。パソコンがあれば簡単にできるような事であるが、被災地ではＯＡ機器頼みの作業はことのほか間に合っていない。これを専門とする支援を始めれば、それだけで一つのＮＰＯになってしまうであろう。

自活したら援助なしという不条理

被災地を車で走っていると、奇妙な家を目にすることがある。もちろん「ちゃんとした」家ではないが、仮設住宅でもない。なにより一軒家である。仮設住宅なら何軒も連なっているはずだ。前に、プレハブを買って住んでいた被災者の話を紹介した。まさに、そんな感じだ。だが今はもう仮設住宅ができているので、そちらへ移って新しいコミュニティーの一員になっているはずだろう。

その家の主は大工さんだった。その家はパイプの骨組みにトタンの壁で急場しのぎに作った物だった。震災後から避難所にも入らず、ずっと一人で家を作り続け、今でも住んでいる。家の中には、家電や生活用品も結構揃っている。仮設住宅に引けをとらない居住空間が形成されていた。

心配なのは、これでは援助物資が何も届いていないのではないかという事だ。案の定、震災後から物資は「何も来ない」という。ここにある家財道具も食料も、全て「自分でなんとかした」そうだ。やはり、在宅避難者に対する援助の問題はほとんど解決されないまま、この時期を迎えていたのだった。

ならば、なぜせめて仮設住宅に入らないのだろう。もとより仮設に入れば行政からの援助はなくなるが、その仮設が一つの「村」を形成するわけだから、何かと民間からの支援は届きやすい。1軒だけでは、孤立は深まるばかりだ。

いろいろ理由はあるに違いないが、「自分がやれる事はやんねえと」、その気持ちの支えで、もらえる物ももらわず、住める所にも住まず、この日まで生き抜いてきた事は間違いない。

援助は待っていたら来ない。自ら救いを求めて行政の庇護に入り込む者だけが支援の対象となる事を、日本人は肝に銘じておくべきであろう。

続いて仲間に連れられて伺ったのは、１軒の小さな倉庫である。ここにも、被災者がいるという。お邪魔すると、コンクリートの床にキッチン、テーブルがならび、居心地のいいリビングがそこにはあった。奥には、畳を敷いてコタツを設けた和室まである。震災の日、自宅から自分の会社のこの倉庫まで逃げてきて、以来ここに住んでいる。やはり、物資は「何ももらってません」という事だ。かつて避難所に消費しきれないほどの物資があった時、この家に届けられるシステムがあったらどれだけ助かった事だろう。

何から何まで人一倍頑張ってしまうと、逆に援助が受けられなくなってしまうという矛盾が確かにそこにはあった。しかしこれは、明らかに人災である。頑張った人には頑張った分だけ、それなりのボーナスが出なければモチベーションが上がらないのは会社でも被災地でも同じ事だ。もちろん、そんな余力は全くない人もたくさんいる。そういう人たちへの支援はしっかりと確保した上で、頑張りを後押しする体制が確立されなければ、復興はおぼつかない。そう痛感した。次の災害までに、官民挙げて取り組むべき課題だろう。

仮設住宅の冬支度

被災地に冬がやってきた。すでに避難所は閉鎖されて、今は仮設住宅が支援の中心地である。この仮設住宅というものは、場所によって施工業者も違えば、その仕様も全く異なる。プレハブ工法の一般的な仮設住宅もあれば、ハウスメーカーの施工したより本格的な物もある。材質は鉄筋の場合もあるし、木造のこともある。中にはログハウス風のおしゃれな仮設住宅だってある。一つ特徴として言える事は、子供の遊び場があったり、渡り廊下を底上げしてバリアフリー対応になっている棟があったり、集会場があったりする事である。ただ均一な住宅の集合体ではなく、一つのコミュニティーとして、老若男女様々な人が一緒に暮らし、近隣の方々と触れ合えるような工夫がなされているのだ。

ここで、被災者は2年ほどの時を過ごし、新天地へと旅立つ。2年とはいえ、人生の何分の一かである。少しでも快適で楽しい暮らしができるように、配慮、支援をしていかなくてはならない。夏前に「緑のカーテン」で防暑対策をしたばかりであるが、今度はもう防寒対策の時期がやってきていた。仮設を快適にするためのノウハウは、インターネットはもちろん、コミュニティーならではの回覧板などを通して住民に共有されている。また、施工業者が追加工事で断熱を施す事もある。なにしろ、やはり「仮設」なので、部屋の密閉性に関しては完璧とは言いがたい。屋根と壁の間に数センチの隙間があったりする事も珍しくはない。この隙間をパッキンなどで埋めていくのも、ボランティアの仕事として可能であるし、大変喜ばれるものの一つだろう。

また、暖房の使用による結露防止のために、窓にプチプチを貼る方法も新聞やインターネットで広く紹介されている。断熱効果もあるし、プライバシーの確保にもなって一石二鳥だ。テープで貼るだけなのでいずれは剥がれてしまうが、こういう作業こそボランティアの出番である。ある一日、プチプチ貼りの作業員として、仮設住宅を回らせていただいた。

まずはガラス窓の大きさを測って、プチプチをその大きさに切る事から始める。その後、窓の四辺に両面テープを貼り、プチプチを貼り付ける。簡単なようだが、これが慣れないと上手くいかない。すぐ、両面テープにプチプチが変な所でくっついてしまうし、上手くいったと思っても、ガラスとの間に空気が入ってしまっている。これでは効果は半減だ。慣れている人は、まず上辺を貼り、空気を逃がすようにしながら、徐々に両面テープを剥がすようにしつつ、下まで貼り付ける。これだけでも、意外と奥が深い。

窓ガラスの前には、仮設を支える支柱が斜めに横切っていることも多い。そうなると上手く貼り付けるのは至難の業だ。

そして、部屋の内部には鉄骨がむき出しになっているところが少なくない。こういう箇所は結露が激しい。断熱テープを貼りつけて、露が付きにくくしていく。

「あらー、あったかそうねえ」と家の人が時々励ましてくれるのが、冥利に尽きる。

作業が一段落すると、恒例のお茶っこの時間だ。お茶っこの時間は作業時間に入っていると考えた方が良い。お茶にコーヒー、茶菓子にみかん、お馴染みの顔ぶれが出てきた。私の地元、神奈川湘南の銘菓をいただく。何か妙な気分だ。

今まで書かなかったが、東北には当然ながら方言がある。特に、年配の方ほどこのなまりが非常に強い。正直に言って、相手がお年寄りだと理解できるのはいいところ7割くらいなのだ。かといって、残りの3割を全部聞き返していたら会話は成り立たない。会話の中で、流していいところは流す、大事なところは失礼のないようにしっかり確認する。方言とか年齢とかにかかわらず、こういう基本的な会話能力というのも災害支援活動には必須である事を、併せて付記しておきたい。

どんなに頑張っても、作業できるのは一日4、5軒が関の山だ。これを全ての仮設住宅に施すには膨大な人手と時間が掛かるだろう。かといって、行政が業者を雇ってまでやるような作業でもない。まだまだボランティアにしかできない仕事がたくさんあるのだ。

見た目は若干悪くなったが、これでしばらくは結露に悩まされずに済むだろう。何とか東北の寒い冬を元気で乗り切っていただきたい。「冬来たりなば春遠からじ」である。

甦った養殖の町、気仙沼市唐桑半島

あの日、その複雑に入り組んだ地形によって普段は天然の良港として大海の波瀾から地元の海を守っていた気仙沼港は、今度はその地形の複雑さが仇となって津波は到達の間際にその威容を数倍に隆起させた。人為ではなすすべがなかった。

港湾沿いの広範な工業、住宅地区は数分のうちに海と化し、係留されていた何隻もの大型漁船が町を蹂躙する、被災地の中でも最も痛ましい様相の一つを呈したのがここ気仙沼であった。対岸の大島は浸入した津波に遮られて三つに見えた。実はこの大島には古より伝わる伝説があった。大津波が来たら、島は三つに割れると。島の東西それぞれ二箇所の湾から島内へ津波が押し寄せ反対側から来た津波と合流、島は分断される。それがその時、現実になろうとしていた。その大島を包み込むように、太平洋に大きく突き出て気仙沼湾の一辺を形成しているのが唐桑半島である。

外洋に面したリアス式海岸の断崖絶壁や奇岩など、荒々しくも風光明媚な場所として知られる唐桑半島は、また一方で気仙沼湾側の内海は波も静かで牡蠣《かき》やホタテ、ワカメなどの養殖の盛んな地として有名である。大島を望む穏やかな水面には幾百もの養殖用の筏が並び、独特の美々しい風光を形成していた。

この唐桑半島周辺もまた、その独特な地形ゆえに大きな被害を被った場所の一つである。南からの津波の襲来に晒されただけでなく、大島の西側を通って北上した津波と東側を通った津波が大島北側の狭い大島瀬戸と呼ばれる水道で合流し、さらにその猛威を増した。津波の挟み撃ちに遭った筏や集落は波に呑まれるに任せるより手がなかった。

その夜は気仙沼港から流れ着いたガスボンベなどがあちらこちらで爆発し、あたかも花火大会のようであったという。さらに、引火物は島に火災を招いた。島の北に位置する亀山が紅蓮の炎に包まれた。気付いてみると、幾多の筏は牡蠣やホタテの稚貝と共に流され、仕事の足となる船も残らず消えた。いくつかの筏は後々遠く離れた市内で発見される事もあったという。養殖で日々の生業を支えていた地元経済への打撃はまさに決定的であった。もちろん、多くの人が家も家財道具もすべて海の中へと失った。もう養殖は復活できない、と誰もが思った。

冬の足音が聞こえ始める頃、そんな唐桑半島へ入った。

「今夜ホタテの稚貝の第一便が北海道から到着する」とボランティアのリーダーから聞かされたのは唐桑入りした初日の夕方であった。翌日の作業は決まった。いよいよ本格的なホタテの養殖の季節、ボランティアセンターとしても初めての作業となるホタテ養殖のお手伝いが始まるのだ。例年と違うのは、失った稚貝の代わりが北海道からやってきた事である。

翌早朝、我々一行はボランティアセンターを出発、半島内側の海岸線に沿って車1台がやっと通れる狭い道を進みながら漁師さん宅の作業場に向かった。沿道の集落にはなんとか瓦礫を取り除いただけと見受けられる家々がいくつも点在している。こんな市内から遠く離れた交通の便も悪い所へはなかなか支援の手も届きにくかった事だろう。それでも仮設と思しき倉庫や櫓を取り囲んで一日の業を始めようとする地元の人の笑顔に、復興の息吹を感じずにはいられない。

本日の作業場となる漁師さん宅へ到着すると、稚貝到着の報を聞きつけたのか、テレビ局のカメラマンもすでに来ている。昨晩北海道から届いた稚貝たちは一晩を海中で過ごし、安堵の寝息を立てている頃かもしれないが、申し訳ないけれどもこれからまた一騒ぎ辛抱してもらう事になる。

今日ここで行われる作業はホタテの「耳吊り」と呼ばれる作業。稚貝とはいっても約7～8センチ近くにまで育った固体をロープに固定させた上で海上の養殖場まで運び、再び海中に投下する。貝が出荷サイズに成長するまでの数ヶ月、再び唐桑の海の中でゆっくり成長してもらうのだ。例年はパートやアルバイト、時には地元産業体験学習のコースにさえもなっている作業がそのままボランティアの担当となる。まさに絵に描いたような産業復興支援と言っていいだろう。

まずは作業場に据え付けられたミシンのようなドリル器具を使ってホタテ貝の右上の四角い部分に穴をあけ、それをすぐさま横の作業台へ運び、ここで穴をロープのフックに差し込んでいく。耳吊り用のロープの長さは約5メートルほどで等間隔にフックが固定されている。一つのロープに数十の貝が固定された後、ロープが絡まないようにとぐろ巻きにして籠の中に並べていく。

最初はたどたどしい手つきでなかなか思うように穴を開けられなかった〝コースケ君〟も、1時間もしないうちに刺突の達人となって一つの穴を開けるのに2秒とかからない。それにともなって運び屋の〝ヤッチン〟も目まぐるしく二つの作業台を往復して穴通し係の〝リョウコさん〟や私に遊ぶ暇を与えない。見事なチームプレーだった。

そうこうしている間に大型バス1杯分の神奈川からのボランティアが到着、どこでどういう手はずになっていたのか分からないが、ここで一緒に作業をするという。最終的には責任を伴わないボランティアという職務の性質上、現場で需要と供給のアンバランスを引き起こすのはよくある事である。一般的には「足りない」事が多いのだが、今回のように「余る」事も往々にしてある。こういったボランティアバスは夜行で来て一日作業をしてそのまま夜行で帰るという強行スケジュールを組んでいる場合が多い（忙しい社会人が参加するために否応なくそうなっているだけでなく、宿泊を伴うと旅行ツアーの体裁となって旅行業法に接触する可能性が出てくる）。

にもかかわらず、自治体や慈善団体が主催するバスは、参加費が格安であるために何十倍の確率だったり募集から数十分で満員になってしまったりと大変人気である。参加者の多くはおそらく一生に一度だけ、一日だけの災害ボランティア体験。なんとか自分も少しでもいいから復興支援の力になりたいと思っている人たちである。選ばれた自分たちの後ろには、何倍もの行きたくても行けなかった人たちが控えている事も痛切に理解している。故に、この一日に賭ける意気込みは半端ではない。畳一畳分ほどしかない作業場はたちまち彼らに占領されてしまった。

何もかもなくなった漁村に、再び元気が甦っていた。震災当時は悲嘆にくれていたはずの地元の漁師さんたちも、今ではかつての溌剌さを取り戻していた。そう、養殖産業は幾多の厳しい試練を乗り越え、様々な支援を受けながら見事に復活していたのだ！

例年なら数人で何日もかけてする作業を、50人からの人海戦術でその日の昼を待たずに終了してしまった。奥様は「こんなこと初めて！」とやんやの大喜びである！

お昼ごはんはご主人と奥さんのお宅で心づくしをご馳走になる事になった。まるで客人の扱いをもって居間へ通されると、たった今茹で上がったばかりのホタテをこれでもかというまでいただいた。ホタテ汁にいたっては、

「これはどんな出汁使ってるんですか？」と本気で聞いてしまった。

ホタテの耳穴開け作業（2011年11月）

「出汁なんか使ってねえっちゃ。茹でて醤油さちょっと入れただけだっぺな」
　信じられないような味だった。どんなに捕れたて新鮮を謳う港の料理店でもこれだけの出汁はまず出ないだろう。窓の外には豊かな唐桑の海。ホタテをかじりながら、パンの一つもろくにかじれずヘドロにまみれた春をいつのまにか思い出していた。あの時の自分も含め、世界中からいろんな力が結集して被災地を復興に向けて着実に進ませている、そう実感できた。まさに万感の想いだった。
　午後になると午前中に仕上げたホタテのロープを海中へ降ろしに、船に乗って気仙沼湾へ出た。この段になると我々素人は足手まといでしかないのだが、これもご主人のご好

意で連れて行ってもらえるのである。

津波の被害を乗り越え、平成23年に国の天然記念物に指定されたばかりの「鳴き砂」で有名な鳴浜を遠目に見ることができた。ポイントに辿り着くまで、ご主人はこの唐桑の養殖がいかにして復活できたか、どれだけいろいろな所からの援助を受け、そして感謝しているかを語って聞かせてくれた。

フランスから届いたブイ、広島から届いた牡蠣、ボランティアが組んでくれた筏……、無から再出発して、みんなの力でここまでできたのだ。しかも不幸中の幸いにして、大津波で海水の循環が進んだ結果、海の栄養状態が通常よりもかなり良くなり、この分だとホタテも例年より数ヶ月早く出荷できるかもしれないとの事だった。平成24年の夏前には、この「ボランティア育ち」のホタテたちも日本中の食卓に並ぶ事になるだろう。すでに垂下されて久しい牡蠣はもうかなりの大きさに育っている。

ご主人は筏の一つに近寄り、海中に降ろしたロープを引き上げ、びっしりとひしめくように成長した牡蠣を一つ鉈《なた》でぱっくりと割って、大きな牡蠣を汁ごとほおばった。

「好きな人にはたまんねぇんだ、これが！」

ご主人の晴れやかな笑顔が実に印象的であった。

エピローグ　そして迎えたあの日

3月11日午後2時46分、石巻にて

その日の東北地方は晴れだった。あの日からちょうど1年が経ったその日、私はまた被災地を目指していた。震災から少なからず復興支援に携わった者として、またそうでなくても、哀悼の意を現地で捧げたいという自然な気持ちからだった。

朝、仙台から電車を乗り継いで石巻へ向かった。「乗り継いで」と書いたのは、まだ線路が復旧していないからである。松島から石巻の手前の矢本までは今でもバスによる代行運転だ。時折道路と平行して走る仙石線の線路は、波にさらわれた無残な姿を残している所もあるが、何事もなかったかのような「土地」になっている所もある。改めて一年前の災害の被害の大きさを思い知らされる。

石巻中心部の商店街は、今でも7割、いや8割近くがシャッターを閉めたままだ。しかし、シャッターを閉めている所はまだ良い方かもしれない。シャッターを閉める事もできず、解体の日を待つのみの家屋がいくつも存在する。この町に来る度に、解体されて更地になってしまった場所の

数だけは、着実に増えているのが分かる。

1年の節目の日とはいえ、町内では特別目立った動きがあるわけではなかった。ただ多くの場所で、追悼集会、献花式、またはボランティアによる祈念行事が行われていた。風船で作った白い鳩が空に舞う所、ろうそくで作った巨大地上絵に火を灯す所、皆がいろいろなやり方でそれぞれの思いを形にしていた。

私は1軒のお宅を訪ねた。かつて一番槍の戦士として冷蔵庫を運び出し、蠢《うごめ》くヘドロを撤去した小料理屋さんだ。お互い顔も忘れかけていたが、やはり一目で分かった。親切で元気なご主人は奥様と一緒に今も壮健なご様子である。しかし、お客として来るという約束はついに叶えられなかった。

私の後に続いて延べ100人以上のボランティアがこのお店へ来たという。最後の方のボランティアは、私がヘドロと一緒にすくい上げた食器を、丁寧に洗って元の輝きに戻してくれたそうだ。それでも、お店の再開にはまだこぎ着けられていなかった。この小料理店がまた常連のお客さんで賑わうようになるには、町全体の復興が不可欠なのだ。言うまでもなく、復旧ではなく、復興である。今はまだその復旧へすら道半ばだ。しかし、町の復興計画は具体的に、かつ着実に進んでいる事をご主人の話から伺うことができた。いつの日か元に戻った、いや、さらに前進した石巻を見る事ができそうだ。

神戸の友人が言っていたが、今年で神戸は震災から17年目を迎えた。日数にするとおよそ6千日である。東北は、まだたったの365日なのだ。本当の復興までは、まだまだこれからである。約束は、その時まで一旦保留にしよう。

ご夫婦と思い出話にしばし花を咲かせた後、日和山へ登る。日和山は石巻市中心部の南側にある小高い山で、山といっても十分もかからず登れるし、その山腹の大半は住宅街となっている。この山が、市街を襲った津波の大半を食い止めた。その代わりこの山より南側の地区は、南三陸志津川や陸前高田のように、全てが流されてしまっている。この山に登ると、その惨状が一望になる。一時は多くのボランティアや観光客が押し寄せたりもしたが、今ではそんな人影もまばらだ。

その日和山でこの日に慰霊祭が行われる事になっている。喪服姿の参列者と合わせて、多くの被災者、関係者が集まっていた。午後2時、式は神事にのっとりしめやかに執り行われた。そして迎えた午後2時46分、市内にサイレンの音が響き渡った。それと共に、その場に居合わせた全員が海の方角に向かって黙祷を捧げた。まさに1年前のこの瞬間、大地を揺るがしたあの地震によって、2万人近くの人が命を奪われ、被災者はもとより全ての地球人がその未来を変える事になったのだ。鎮魂の祈りは犠牲者に届くだろうか……。

あれから、1年が経った……。その1分間、周りの様子がどうだったのか、目を瞑っていた私には分からない。ただ、誰かの嗚咽する声だけが、サイレンの音にかき消されそうになりながら私の耳に入ってきた。

最後に残ったのは〝絆〟

震災から1年が過ぎた。今も残る災害の爪あとは、その日を境に何か変わるという事はもちろんない。これからの私たちに一番できる被災地支援、それはずばり、被災地でお金を使う事である。それも先に紹介した八重子さんのように、できるだけ地元に還元されるような使い方をする事が肝要だ。パチンコに使ってしまったのでは意味がない。寄付も良いが、実態経済の数字として反映できる使い方が望ましいと思う。

私は宮城県の多賀城市に来ていた。この町も、駅のすぐ近くまで押し寄せた津波によって数百人の方が亡くなっている。ここに名勝「末の松山」がある。

「契りきなかたみに袖をしぼりつつ末の松山波越さじとは」

百人一首にも取り上げられている清原元輔の有名な歌である。どんな大波もこの末の松山は越せない事を、男女の絆に例えたのだ。この末の松山の所にも、今回の大津波は来た。だが清原元輔が詠んだように、小高い場所にあるこの末の松山は、この津波でも「越す」事はできなかった。周囲が津波に侵食される中、末の松山は凛として動ずる事はなかった。私にはこの末の松山が、必ず日本が復興する事、そして日本人の絆がどんな災害にも屈しない事の象徴のように思えてならない。

そういえば大学時代の悪友の一人にここ多賀城出身の男がいた事を思い出した。メールを送ってみると、すぐに返事が返ってきた。彼の実家のすぐ近くに、美味しいお菓子屋さんがあるという。2年目に突入して第1回目の私の経済支援プランは、このお店で実施してみるのも良いかもしれない。行ってみれば意外にも立派な和菓子屋さんである。東京の友人たちへの今回の土産は、多賀城銘菓と決まった。

この多賀城市に海側からくっつくようにして位置するのが七ヶ浜町だ。町のほぼ三方を海に囲まれ、甚大な津波の被害を受けた。町にある大手全国チェーンのスーパーに入ると、入口正面に置かれていたのはこの時でも「花」であった。その横にろうそく、お線香、お供えの果物が並ぶ。そんな七ヶ浜にもボランティアセンターがあるが、被災各地のボランティアセンターが縮小、閉鎖をしていく中で、ここには今でも毎日100人近くのボランティアが訪れる。

ボランティアセンターの仕事の如何は、いかに地元のニーズを吸い上げ、来てくれるボランティアにマッチさせるかにかかっていると言って良い。仕事が少なければボランティアは来なくなってしまうし、逆にボランティアが少なければ、いつになったら来るのか分からないボランティアを地元の被災者はあてにしなくなってしまう。その両者への配分が、非常に上手くいっているのだと思う。震災後ろくに報道もされず、知名度も低い町のセンターが、震災1年を過ぎてこれだけ活発に活動を続けているのは驚異的だ。

バスの中で仕事帰りのボランティアグループに出合った。この日行った作業は「畑の地ならし」だったそうだ。ボランティアの仕事も、やり方次第で「創る」事ができる。本当の復興の日が来るまで、絆の体現者たちの活動は続く。

場所を北に移して南三陸町。道中、かつて私が仲間たちと建てた五星紅旗入りのテントが、今でも海岸沿いに見える。自分の足跡が確認できるのはやはり嬉しい。志津川中心部の瓦礫がなくなって寒々しい景色は変わらないが、以前にはないものが一つだけあった。しかも、とびきりスゴイものが！ プレハブで造った仮設商店街である。

その名も「南三陸さんさん商店街」。2月の末に完成したらしい。全部で30の店舗が所狭しと並んでいた。南三陸ならではの海鮮を売る店から、パン屋、お茶屋、電気屋、美容室から整骨院まで何でもある。もちろん、新鮮な魚介を食べさせる地元の食堂も多く入っている。いずれも、以前はこの志津川で開いていたお店だ。

南三陸名物のキラキラ丼（千五百円）をいただく。キラキラ光る鮭のイクラがたっぷり乗っているから「キラキラ丼」だ。このキラキラ丼、店によって幾分テイストが異なる。今回お邪魔したお店のものは、イクラはいくらか少ない分、様々な他の魚介が乗っている。かつて、町の人が渇望するほどに求めた新鮮な魚が、いまでは誰でも食べられるようになった。

お隣り気仙沼にもいくつかの仮設商店街が誕生していた。こちらは「復興屋台村、気仙沼横丁」。被災地は本当に少しずつだが、着実に前へ進み始めている。

とある被災地の街角に、私が活動中から懇意にしてもらっているＣＤショップがある。震災直

震災1年近くを経て「南三陸さんさん商店街」がオープン（2012年3月撮影）

後は完全に津波の被害を被り、商品はもちろん、店内もヘドロの山と化した。しかし多くのボランティアの力を借りて、6月には早々に店を再開させたのだった。店内には今でも多くのボランティアたちの写真が飾られている。1年が過ぎたこの時、周りの他の商店が再開の目途を立てられずにいる中でも、頑張ってずっと店を開けていた。こういっては失礼かもしれないが、復興半ばにして音楽CDを買いたいという人は多くはないに違いない。事実ご主人曰く、「全く商売にはならない」そうだ。それでもご夫婦で毎日店を開け続けている。

というのも、明かりの灯らなくなってしまった商店街に、一つだけでも開いている店があると町の癒しになるそうだ。その思いだけで、ボランティアの生活支援を受けながら営業を続けている。人通りの絶えてしまった商店街に、ふと見ると灯りの点いている店がある。ちょっと寄ってみようか！　そんな風にして、いつしかこのお店は地元のコミュニティースポットになっていった。ここが店を閉めてしまったら、この商店街の復興の灯火が潰えてしまう。お二人はそんな気持ちなのかもしれない。

最後にご主人が私に話してくれた。今回の震災で、多くの大切なものを失った。だが、多くのものを失うことで、逆に失ってはならない大切なものが見えてきた。まるで玉ねぎの皮のように、要らないものから一枚一枚はがしていって、最後に残った芯の部分、これこそがまさに「絆」なのだと。ブラウン管主義の価値観、ハウツー的な挨拶の仕方、就職面接のマニュアル、着る物飾る物など、本当にどうでもいいものと思えるようになった。絆とは、米一粒でもいい、水一杯でもいい、困った時に助け合う気持ちのことだ。心に穴の開いた人が、ふらりとこの店に立ち寄って、何がしかの明日の糧を得てまた戻っていく。それが何よりも嬉しい。そしてそれが自分にとっての「絆」なのだと。

この小さなＣＤショップが続く限り、被災地の復興は時間の問題だと私は信じている。

著者略歴

中原健一郎（なかはら　けんいちろう）

昭和 48 年神奈川県平塚市生まれ。

早稲田大学政治経済学部卒。

大学在学中より国内旅行添乗員として、修学旅行などの教育旅行にて 1 万人以上の学生を引率する傍ら世界 100 余国を巡る。

のち、㈱リクルート所属の旅行宿泊誌出版・広告事業で京都・神戸・滋賀を担当。

退職後、東日本大震災の発生に伴い復興支援ボランティア活動に従事。


復興支援ボランティア、もう終わりですか？

――――大震災の中で見た被災地の矛盾と再起

2012 年 5 月 3 日　第 1 刷発行

定　価　（本体 1500 円＋税）
著　者　中原健一郎
装　幀　堀口誠人
発行人　小西　誠
発　行　株式会社　社会批評社
　　　　東京都中野区大和町 1-12-10 小西ビル
　　　　電話／ 03-3310-0681　FAX ／ 03-3310-6561
　　　　郵便振替／ 00160-0-161276
http://www.alpha-net.ne.jp/users2/shakai/top/shakai.htm
E-mail:shakai@mail3.alpha-net.ne.jp
印　刷　シナノ書籍印刷株式会社

社会批評社・好評ノンフィクション

星　広志／著　　A 5 判 180 頁　定価（1500 掩＋税）

●見捨てられた命を救え！

―３・１１アニマルレスキューの記録

フクシマ原発事故後、見捨てられ多数の動物たち。このレスキューに立ち上がったのが著者らレスキュー隊だ。警戒区域内に立ち入り、飢えと餓死寸前の多数の動物たちが救出された。これはその現在まで続く記録である（写真約３００枚掲載）。

＊日本図書館協会の「選定図書」に指定。

根津進司／著　　A 5 判 173 頁 定価（1500 掩＋税）

●フクシマ・ゴーストタウン

―全町・全村避難で誰もいなくなった放射能汚染地帯

３・11 メルトダウン後、放射能汚染の実態を隠す政府・東電そしてメディア。その福島第 1 原発の警戒区域内に潜入しその実状を 300 枚の写真とルポで報告。また、メディアが報じないフクシマ被災地域 11 市町村の現状もリポート。

定塚 甫／著　　四六判 341 頁 定価（2800 円＋税）

●心理療法の常識

―心理療法士の実践マニュアル

「本書は現場における心理療法士・心理カウンセラーのための現実的心理学理念・心理学的技法を学ぶ書」（本文から）。この一冊で分かる心理療法の知識。**＊日本図書館協会の「選定図書」に指定。**

水木しげる／著　　5 判 208 頁 定価（1500 掩＋税）

●娘に語るお父さんの戦記

―南の島の戦争の話

南方の戦場で一兵士として戦い、片腕を失って奇跡の生還をした著者。その太平洋諸島での戦争の実態―地獄のような戦争体験を、イラスト 90 枚と文で綴る。ここには、戦争の本当の真実がある。この本は、著者のマンガ家人生の出発点としての著書でもある。

小西　誠／著　　A 5 判 226 頁　定価（1600 円＋税）

●サイパン ＆ テニアン戦跡完全ガイド

―玉砕と自決の島を歩く

サイパン―テニアン両島の「バンザイ・クリフ」の地で生じた民間人数万人の悲惨な「集団自決」。また、それと前後する将兵と民間人の全員玉砕という惨い事態。その自決と玉砕を始め、この地にはあの太平洋諸島での悲惨な戦争の傷跡が、今なお当時のまま残る。この書は初めて本格的に描かれた、観光ガイドにはない戦争の傷痕の記録。写真 350 枚を掲載。

＊日本図書館協会の「選定図書」に指定。
